给孩子讲大数据

（第2版）

涂子沛 著

童趣出版有限公司编　人民邮电出版社出版
北　京

图书在版编目（CIP）数据

给孩子讲大数据 / 涂子沛著；童趣出版有限公司编. 2版. -- 北京：人民邮电出版社，2024. -- ISBN 978-7-115-65049-8

Ⅰ．Z228.1

中国国家版本馆CIP数据核字第2024TK1715号

著 ：	涂子沛
责任编辑：	史苗苗
责任印制：	李晓敏
封面设计：	董　雪
排版制作：	北京天琪创捷文化发展有限公司

编　　　：	童趣出版有限公司
出　　版：	人民邮电出版社
地　　址：	北京市丰台区成寿寺路11号邮电出版大厦（100164）
网　　址：	www.childrenfun.com.cn

读者热线：010-81054177　　　经销电话：010-81054120

印　　刷：	雅迪云印（天津）科技有限公司
开　　本：	710×1000　1/16
印　　张：	11.75
字　　数：	200千字

版　　次：	2024年9月第2版　2024年9月第1次印刷
书　　号：	ISBN 978-7-115-65049-8
定　　价：	58.00元

版权所有，侵权必究。如发现质量问题，请直接联系读者服务部：010-81054177。

总序

发展大数据和人工智能已上升为我国的国家战略，这一战略能否见到成效，与国民对这两项技术如何推动历史进步的认识有很大的关联。

晚清时期，魏源编著了《海国图志》，严复翻译了《天演论》，但并没有唤醒民众，中国失去了从农业文明向工业文明转变的历史机遇。21世纪上半叶，世界已进入信息时代的新阶段，正逐步走向智能时代。近年来，一些有远见的学者和先辈心意相通，他们致力于宣扬新的数据观和智能时代的理念，涂子沛先生就是其中的代表。他不但出版了《大数据》《数据之巅》《数文明》《第二大脑》等脍炙人口的大作，还给青少年撰写了《给孩子讲大数据（第2版）》《给孩子讲人工智能（第2版）》《给孩子讲ChatGPT》这三本引人入胜的书。

工业时代的传统教育侧重于数理化，教给学生的知识大多用来处理已掌握内在规律的问题，许多工作也是按部就班、照章办事，这些工作很可能会被智能化的机器取代。新时代的人们需要新的知识结构，要学会从大量数据中发现知识和规律，以适应不确定的、动态变化的环境。今天的中小学生是未来智能社会的原住民,他们必须有适应智能化生活的思维方式和想象力。涂子沛先生的这三本书没有枯燥的公式和程序,而是通过一个又一个有趣的故事,告诉人们数据如何变成知识、一批聪明而执着的学者如何在艰难曲折中发展人工智能技术。

孩子的心像春天的泥土,播什么种就发什么芽。我相信,这三本书在孩子心中播下的种子会成长为参天大树,树上会结满迷人的智慧之果。

中国工程院院士
中国计算机学会名誉理事长

致小读者：
打开通向新世界的大门

1946年，世界上第一台计算机诞生，人类文明开始了新一轮的大跃迁。一开始，人类把这个新的时代称作信息时代。信息时代最大的特点是，以前很难找到的信息和知识在这一时代很快就能被找到了。

但随着历史画卷的徐徐展开，当我们来到21世纪20年代，突然发现"以前很难找到的信息和知识在信息时代很快就能被找到了"已经不能概括如今这个时代的特点了。新时代像一列疾驰的列车，它已经载着我们远远地驶过了那个标着"信息时代"名称的站台，传统的工厂正在升级为无人工厂、"黑灯工厂"，机器人的时代呼之欲出，我们正在跨入一个更新的时代——大数据驱动的智能时代。

以大数据为基础的人工智能是推动这场文明大跃迁的革命性力量。这里所说的"大数据"，是指数字化的信息，即以"0"和"1"构成的二进制数保存的所有信息。一行文字、一张图片、一条语音、一段视频，我们今天都称之为数据。

你肯定用过计算器，输入数字进行加减乘除运算，很快可以看到一个数字答案，它代表一个数量。现在，智能手机不仅能计算，还有更丰富、更强大的功能。你可以直接用声音命令手机回答"世界上哪里的葡萄最甜"，它就像童话《白雪公主》中的魔镜，会立刻给你答案。

　　这些答案可能包括大量的文字描述，或者五颜六色的图片、有趣的采摘视频，也可能是网页链接。你能想到的，网上全有；你想不到的，网上也有。它们会告诉你葡萄从何而来，哪个国家是原产国，第一瓶葡萄酒是如何制成的，甚至还能带你进入"葡萄美酒夜光杯"的唐诗世界。

　　除了惊叹以外，你想不想知道这是怎么做到的？原来，手机在听到了你的声音之后，通过自然语言处理技术，将你的声音翻译成了计算机才能听懂的语言。人工智能像一张渔网一样撒向数据空间，捕捉每一则与葡萄有关的信息，最终以文字、图片、语音、视频等多种形式呈现在你的手机屏幕上，告诉你世界上哪里的葡萄最甜，以及和葡萄相关的其他知识。

什么是数据空间？

数据不像高山、大海、森林、矿藏那样独立于人类存在，数据完全是人为的产物。人类正在其生活的物理空间之外打造一个新的空间，在这个空间里，各种数据应有尽有，人类在这里停留的时间将会越来越长。在这个新的空间里，数据和智能主导一切，这就是人类发展的大趋势。

这个趋势如此迅猛，可谓波澜壮阔，激荡人心。你肯定也感受到了，并为之兴奋。但你有没有认真地想过，未来的你将在这一场文明大跃迁中扮演怎样的角色？

我希望你能成为这个新空间的建设者。这是一个鼓励创新的时代，基于数据的创新将成为发展的先导。

摆在你面前的这本书，就是为你迎接、参与这场大创新而精心准备的。

我也像孩子一样，喜欢读故事。人工智能的新世界，是由许许多多聪明、执着和勇敢的人，用他们的智慧和勇气开创的。本书生动地讲述了这些故事，我希望你读过之后，能把这些故事讲给身边的朋友、同学和父母听。这些故事中，不仅蕴藏着新世界的思维方法和价值观，也包含了人工智能、数据科学领域一些基本的知识和工具。读完这本书，你就打开了通向新世界的大门，你会熟悉这个新世界的通用语言，可以进阶，能和专业人士展开交流。

有一天，当你坐在大学的教室里，可能你在回答教授的问题，可能你在和同学展开激烈的讨论。我希望，你会不经意地突然想起这本书，而那一瞬间，一丝微笑浮现在你年轻灿烂的脸庞上。

这将是我莫大的荣幸。

最后，我鼓励你和你的父母一起阅读这本书，同步学习、同步成长。毕竟，面对新世界、新知识，无论他们多大年纪，都和你一样，是孩子。

涂子沛

目录

小数据时代

3 **1** 刻线者的后代

64 **5** 预测,怎样成为一门生意

20 **2** 谁见过地球转?

80 **6** 4 年崛起的奇迹

33 **3** "侦探医生"斯诺

96 **7** 用数据抓贼

50 **4** 用数据远征和打仗

大数据时代

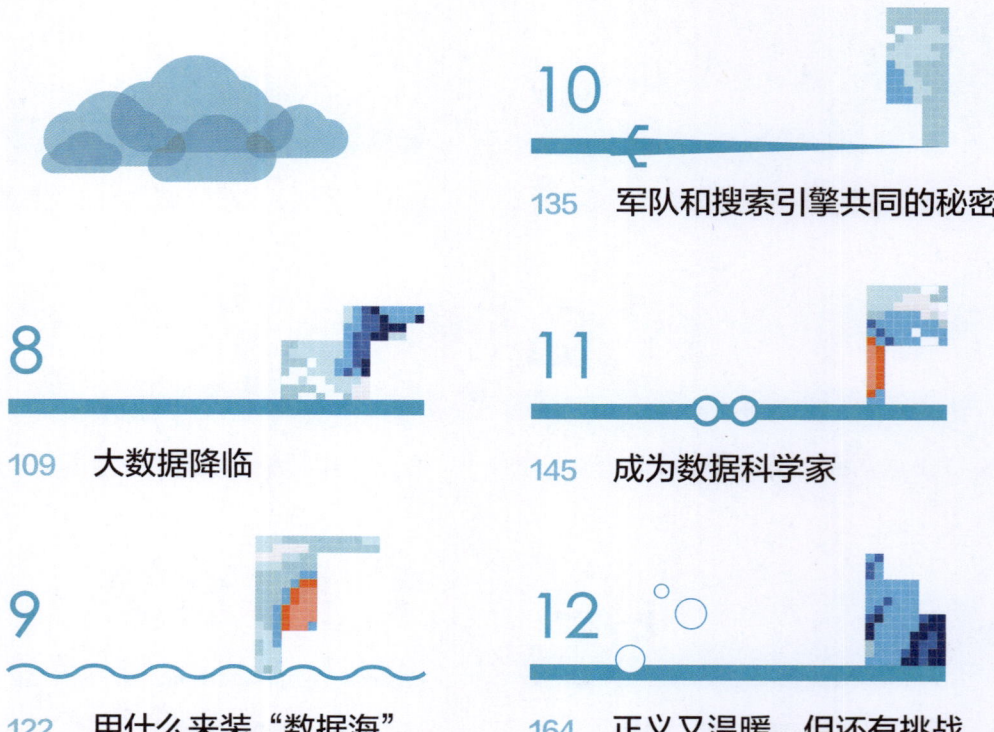

8　109　大数据降临

9　122　用什么来装"数据海"

10　135　军队和搜索引擎共同的秘密

11　145　成为数据科学家

12　164　正义又温暖,但还有挑战

小数据时代

SMALL DATA

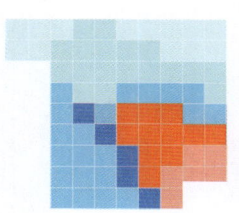

1 刻线者的后代

远古的壁画

关于人类的进化史，相信很多人都能说出一些重要的节点，比如直立行走、钻木取火、工具的应用、文字的产生，等等。

我想告诉你的，却是一个完全不同的人类文明视角，那就是数据。让我们从最简单的数字说起。"1、2、3、4"这些数字，今天看来浅显易懂，因为除了"爸爸妈妈"，我们嘴巴里蹦出来的第一批单字可能就包括这些数字。再长大一点儿，数苹果要用到数字，排队点名要用到数字，买东西时也要用到数字，比如脱口而出的"买1瓶水"。

但我们要知道，数字不是本来就有的，人类拥有"数字"，不过区区几万年的历史。

鸟有 1 对翅膀,羚羊有 4 条腿,人有 10 根手指,这是自然界中客观存在的"数量"。而数字,它是人类发明的工具,用来标记各种物体在数量上的差别。

假设有一堆东西,但它的数量是未知的,那远古的人类会怎么办呢?他们会掰着手指头数,但数一大,手指头就不够用,人类就会犯迷糊。后来,有聪明的人想到了一个"笨笨"的办法:为每件东西做记号,一件东西画一个记号。于是人类在鹿角、象牙、木头或洞穴墙壁上刻下横线,来描绘生活中的数量。例如他们会画出一头野牛的简单示意图,再用加横线的方法来描述打猎的成果,这可比画好几头野牛要容易得多。这样的刻线,在世界上很多地方的洞穴里都被发现过。这说明,生活在不同地区的人类祖先不约而同地发明了这个方法。

1 刻线者的后代

刻线是最古老、使用最广泛的记数方法，中文里的"一、二、三"的写法是几条横线，罗马数字的"Ⅰ、Ⅱ、Ⅲ"是几道竖线，阿拉伯数字"1"也是一道竖线，这都是远古刻线的传统在不同文化当中的遗留和证明。

借助刻线这个方法，人类把客观存在的数量差别，变成了头脑中的数量标识——数字。这个现在看起来很简单的方法和过程，我们的祖先可能花了数百万年的时间才掌握。数字的发明，是石破天惊的大事。我们都知道，火可以御寒、照明、烧烤食物，因为掌握了火的使用方法，人类最终和普通动物划清了界限。而数字的发明，就好像人类的大脑当中出现了一团火，或点了一盏灯，它把黑暗的大脑照亮了。大脑的作用从模糊变得清晰，从粗放变得精确，这大大促进了人类的智力发展。

刻线的方法，一直到近代都还有人使用。你记得小说《鲁滨孙漂流记》里的主人公吗？他一个人流落到荒岛上，找了一根木棍，在上面刻线以记录自己离开文明世界的天数。

今天，我们在学校参加班委选举活动的时候，常常用在黑板上写"正"字的方法统计票数。一个"正"字有5笔，代表5票。这样一来，统计最终得票数就十分方便了。这其实也是在沿用"刻线"这一古老的办法。

所以说，无论你生活在世界的哪个角落，无论你皮肤的颜色是白是黑是黄，我们的祖先都是刻线的实践者，我们每个人都是刻线者的后代。

人类早期的生存主要靠狩猎和采集，他们不断迁徙，今天这片森林的野果采完了、野猪打光了，明天就换个地方，居无定所，四处漂泊，可以说是"边吃边走"；后来，人类慢

1 刻线者的后代

慢发现某些植物可以自己种、自己收,于是大约在 1 万年前,人类开始播种、浇水、施肥、耕地,慢慢变成了"住下来种,边种边吃"的农民。这种生活模式的变化,被称为农业革命。在这个过程中,数字的作用巨大。

例如,远古的人类用刻线记录了月亮和太阳的周期变化,才发现了气候的大致规律。寒来暑往,秋收冬藏,想想吧,如果不知道季节变化,不清楚什么时候该种、什么时候该收,肯定会误事。

在非洲南部的莱邦博山脉的一个洞穴中,考古学家发现了现存最早的刻线兽骨,时间在 35000 年以前,它是用狒狒的腓骨做成的,上面刻的横线记录的是月相的变化。为什么考古学家敢断言它们记录的就是月相呢?是因为我们在全球很多个地方都发现了类似的兽骨刻线,都是 29 条,这不是偶然的——月相的变化周期正是 29.53 天。

在莱邦博山脉的洞穴里发现的狒狒的腓骨

结绳记事

刻线的传统，发生在旧石器时代，距今300万到1万年间。同时期，人类发明了绳子，有了它，人类就可以携带工具、拴住猎物，生活方便多了。

刻线演化出了数字，而绳子则另有一番造化。在旧石器时代晚期，也就是1万多年前，人类发明了一套更复杂、更有效的记数和记录体系——结绳记事。

如果部落之间发生了一场战争，就是需要记录的重大事件：一个部落俘虏了成人和孩子共20人，缴获了对方10头牛、30只鸡……要记载这些事情，就要用到不同材质、不同粗细的绳子，再通过不同的打结方式，例如结的大小、各个结之间的距离，来表达不同的信息。

1 刻线者的后代

这套方法操作起来有点儿麻烦，但相较于刻线，是一大进步。刻线仅仅是记数，结绳则是对事件或过程的记录，它表达了更丰富的信息。

我们的祖先，就是靠不同的结绳方式，配合语言的使用，形成了一套记录事实、管理事务，以及传承信息和知识的体系。这套体系在当时是最先进的，而且需要学习才能掌握，由专人负责，并代代相传。管理这些绳结的人一般是部落的长者或者巫师，这些人掌握了对事实和历史的解释权，他们是人类最早的高级知识分子。

因为绳子容易腐烂，所以远古的绳结不可能保存到现在，但直到13世纪，居住在现秘鲁地区的印加人还用这种方法来记录税收、货物和统计的结果。目前，还有印加人留下的600多个绳结保存在世界各地的博物馆里。

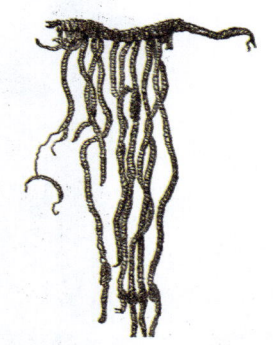

印加人的绳结

文字的诞生

现代经济学的创始人是英国人亚当·斯密,他在他的名著《国富论》中谈道:虽然我们从来没看到两条狗公平地交换骨头,但交换对于我们的祖先而言就像天性,人们不需要学习就会。交换可以让双方各取所需,为了生存,远古的人类一有机会就会交换。

没有交换,你得自己去种地、晒盐、砍柴、织布,可想而知,那得忙成什么样。有了交换就完全不一样了,有些人专职种地,有些人则负责织布,人们互通有无。而有些聪明人就会想,你们这么辛苦,那我就唱首歌给你们听吧,好听你就赏我一点儿粮食。于是,人类历史上的第一个歌星就这么诞生了。

1 刻线者的后代

大约在 8000 年以前，人类祖先就开始规模化地交换农产品了。要完成交换，当然先要"记数"，当时在美索不达米亚地区生活的苏美尔人留下了这方面的文物。

苏美尔人在陶土制成的泥板上刻画标记，他们用一种符号来表示交换的物品，用另一种符号来表示交换的数量。随着时间的推进，人类又把这种用于交换的记数符号体系应用到其他领域，一代又一代的记录者发明创造了新的符号，这些符号就逐渐形成了今天的文字。

人类最早的文字就是这样在交换和交易的过程中逐步形成的。也可以说，在人类发明文字的初期，对数字的表达占据了中心位置。

从脚印到文字

仓颉，相传是黄帝的左史官，也就是记录官。黄帝统一华夏之后，随着人口的增加，打猎、种植、分配食物、祭祀等事情越来越多、越来越复杂，结绳记事的方法越来越不管用。这让负责记录的仓颉很发愁，不知道该怎么办。

有一天，他在三岔路口遇到几个老猎人，他们正在争论问题。第一个猎人说往东走可以追到羚羊；第二个猎人坚持说，在北面不远处有鹿群；第三个猎人要往西追赶老虎。他们是怎么判断的呢？仓颉一问才知道，原来猎人们是根据地上的野兽脚印来作出自己的判断的。他突然想到，猎人可以根据不同的脚印分辨野兽，他也可以设计不同的符号来表示不同的东西。于是，他开始按照各种物体的特征，绘出象形字，并征求他人的意见。日积月累，他设计的字越来越多，随后黄帝下令在全国推广应用。

下面是一块苏美尔人用来记录交易数量的泥板，考古学家认为它有5000多年的历史。泥板上刻有圆点和小图案，专

1 刻线者的后代

家在认真研究之后,把这些记录破译出来了,它的意思是:"在 37 个月里,一共收到 29086 单位的大麦。由 Kushim 签核。""Kushim"是记账员的名字,这也是目前人类发现的最早的人名。这意味着,青史留名的第一人,不是国王、部落首领,也不是巫师、学者,而是一名交易记录员,这个角色今天叫"会计"。

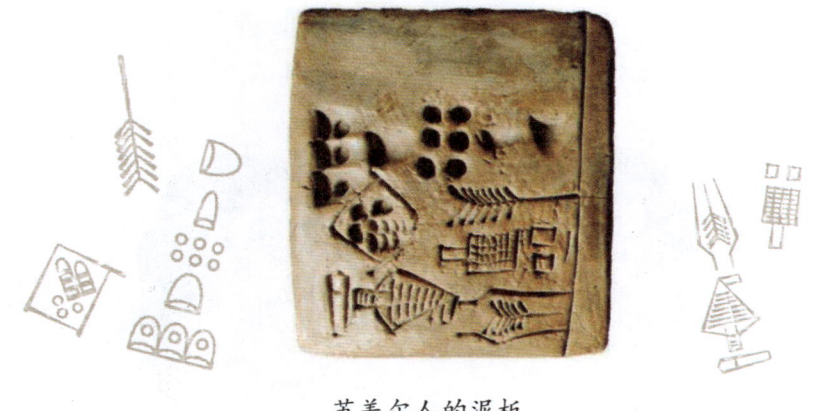

苏美尔人的泥板

(图片来源:The Schøyen Collection)

我只是想换一张兽皮

人类早期的交换不仅催生了文字,还催生了另一项伟大的发明:货币。人类最初的交换形式是物物交换,即用一种东西换另一种东西。

一个猎人打到了野兽,他想用这头野兽来换鸡蛋、玉米或者弓箭。但问题出现了:如果拥有鸡蛋、玉米和弓箭的人恰好都不想要这头野兽,物物交换就没办法达成了。比如,你想用一支圆珠笔换同桌的恐龙橡皮,但是他不要圆珠笔,只想要明星贴纸,而你的手里并没有明星贴纸,这就不好办了。

被命运扼住了耳朵

1 刻线者的后代

曲别针换房子？

26岁的加拿大青年麦克唐纳很想有一座自己的房子，但他买不起。他在学习了原始居民物物交换的做法之后，认为自己也可以尝试一下。2005年7月，麦克唐纳在一个网站上展出了自己制作的曲别针，希望能够换回其他一些物品。他在网上承诺，不管多远，他一定会亲自拜访与他交换物品的伙伴。接下来，他先用曲别针换来了一支笔，又用笔换来了陶瓷门把手，再用陶瓷门把手换来了小烤箱，接着用小烤箱换来了发电机，然后又换来了霓虹灯箱、啤酒、雪地车，等等。随着他的创意获得了越来越多人的关注，他最终换回了一套公寓一年的使用权。

也就是说，物物交换并不方便，只有在交换双方都恰好需要对方东西的时候，直接的物物交换才能达成。

另外，直接的物物交换，意味着每两种东西之间，都要产生一个交换比率，也就是一个某种东西可以换多少个另一种东西。下面的问题常见于小学数学题："如果 3 根玉米可以换 1 个鸡蛋，30 个鸡蛋可以换 1 只母鸡，5 只母鸡可以换 1 张兽皮，那么，到底多少根玉米才能换 1 张兽皮呢？"

兽皮很温暖，可以帮助农夫度过寒冬，但那个指望用玉米换兽皮的农夫可能会很困惑，甚至绝望，因为他不知道该准备多少根玉米，才能换来 1 张兽皮。这道数学题对远古人类来说，几乎像"哥德巴赫猜想"一样难。

交换的这些困难让人想破了脑袋，头脑灵活的人才发明了"货币"。发明者宣称，万事万物都有一个数字的价格，所

1 刻线者的后代

有的东西都可以先换成货币,再用货币去换自己想要的东西。

伟大的货币就此登上历史舞台。货币出现之后,"交换"就正式成为"交易"。

最早的货币由稀有物充当,如贝壳、金属,后来出现了纸币;再后来出现的银行卡成为货币的载体,人们可以刷卡消费;如今,银行卡也可以不用带,货币成了手机上的虚拟符号,金额就是一个数字,在手机上就可以进行数字的加减乘除,完成支付。

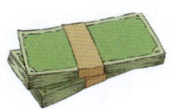

金属货币　　　　纸币　　　　　银行卡　　　移动支付

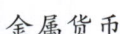

支付方式的演变

货币的出现推动了数量科学——数学的产生和发展。人类最早出售鸡、鸭、牛、羊的时候,只能一只一只或一头一头地卖,否则,部落中最聪明的人也会变得糊涂。但货币出现之后,也就是金钱进入人们的日常生活之后,人类的大脑开始进行频繁的计算,人人都开始学习一点儿算术,慢慢地,有些人就越来越擅长算术了。

我打赌,你肯定读过那本著名的童话书《小王子》,你还

| 给孩子讲大数据（第 2 版）

记不记得小王子说过这样一段话，表达他对数字的看法：

> 大人喜欢数字。当你向他们介绍一位新朋友，他们从来问不到重点。
>
> 比方他们从来不问："他说话声音如何啊？他喜爱什么样的游戏啊？他收集蝴蝶标本吗？"
>
> 他们只会问你："他几岁了？有几个弟兄呀？体重多少呀？他父亲挣多少钱呀？"
>
> 他们以为只有这样才算了解朋友。
>
> 如果你对大人说："我看到一幢用玫瑰色的砖盖成的漂亮房子，它的窗户上有天竺葵，屋顶上还有鸽子……"
>
> 他们怎么也想象不出这幢房子有多么漂亮。
>
> 但你一对他们说："我看见了一幢价值 10 万法郎的房子。"
>
> 那么他们就会惊叫道："多么漂亮的房子啊！"

小王子认为，人长大之后，算账和算术无处不在，人会产生一种冲动，想用数字来衡量一切事物的价值。不知道你同

1 刻线者的后代

不同意小王子的看法？但数字的作用真的不仅仅是算账、做生意！历史上有很多哲学家都痴迷于数字科学，例如古希腊的苏格拉底和柏拉图。苏格拉底曾问大家："是什么吸引着我的灵魂？"他表示不是音乐，不是绘画，也不是体操，而是适用于艺术、体育等领域和各种思想活动的数字科学。古希腊还有一名思想家叫毕达哥拉斯，他提出"数字是宇宙的本源""万物皆数"等主张，直到今天还有人坚持他的观点。

算术和计算，是数学的领域。这本书的内容，讲的是人类通过测量和记录获得数字，然后从数字当中总结出规律和知识的故事。这个领域今天被称为"数据科学"。下面我们就要来看看，历史上那些伟大的人，他们是怎样通过测量和记录创造奇迹、改变世界的。

2 谁见过地球转？

遥远的星空，对我们人类而言，一直代表着神秘。早在远古时期，我们的祖先就开始纳闷儿，天上的星星为什么有些位置会变化、而有些又一动不动呢？当时流行的解释是，这是上天给出的信号，预示了世间万事万物的变化。中国古代的小说中常常写道，如果有星体坠落或者流星从天空划过，人间就会有大的变故。西方也发展出了专门的占星术。

仅靠肉眼的观察，我们一代又一代的祖先，慢慢勾勒出了一些星体的运行轨迹。随着这些观察越来越多，一个激烈的争论出现了：是太阳绕着地球在转，还是地球绕着太阳在转？事实上，我们今天知道，地球不仅围绕着太阳在公转，还围

2 谁见过地球转？

绕自己的轴心在自转，我们在地球上看到的其他星体的运行轨迹，都是这两种运动的叠加。

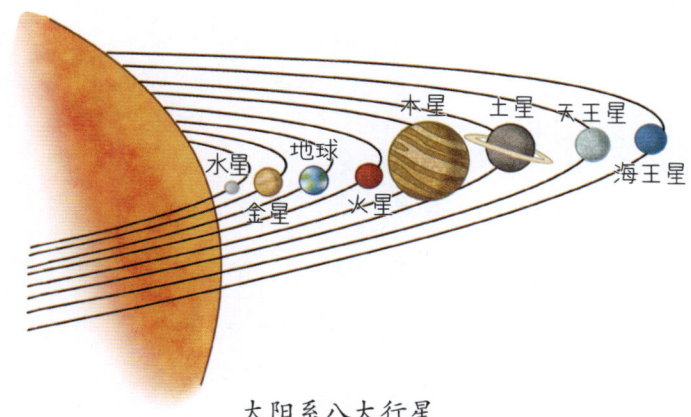

太阳系八大行星

但在 15 世纪之前，绝大部分人都不相信地球自己在转。他们会说，如果地球在转，那为什么我们不会晕、不会被甩出去？为什么飞鸟和云朵不会因为地球的高速旋转而落到后面？听起来很难辩驳，对不对？

其实直到今天，站在地球上，我们也很难感受到地球的自转！

于是，在这样的认知局限下，中国古人产生了"天圆地方"的宇宙观。而在古代西方，"地球是宇宙的中心"成了造物主存在的有力证据，任何动摇"地心说"的说法都被视为异端邪说。

直到哥白尼（Nicolaus Copernicus，1473—1543）提出"日心说"，人们才开始认识到宇宙真正的秘密。

温和的哥白尼

哥白尼是波兰人，他是一名传教士，在教堂里度过了一生中的大部分时光。给他带来巨大声誉的天文学发现和著作，都是他利用业余时间完成的。他在自己居住的小楼的房顶建立了一座小小的天文台，在这里夜夜仰观天上的星星。即使是寒冷的冬天，他也会穿上大衣、戴上棉帽，在寒风中通宵达旦地进行观测。

哥白尼在他留给后人的书里，详细记录了从1497年至1529年间50多次观测的数据，其中包括日食、月食，火星、金星、木星和土星的方位，等等。哥白尼通过观测所得到的很多数据都准确得惊人。例如，他计算得出的恒星年周期为365天6小时9分40秒，比今天的精确值大约多30秒；他计算出月球到地球的距离是地球半径的60.30倍，和今天测出的准确值60.27倍相比，误差不到万分之五。

凭借对行星运行轨迹几十年如一日的观测、记录和计算，哥白尼确信，地球确实自己在旋转，而且还围绕着太阳转动，

2 谁见过地球转?

太阳才是宇宙的中心。但恰恰因为人意识不到自己所在球体的转动,从而产生了错觉,以为整个宇宙都在围绕地球转动。这种错觉并不少见,例如你坐在行进的船里,坐久了看窗外,会感觉是窗外的景物在动,而不是你的船在动。这就好比我们在炉灶里面烤肉,为了烤得均匀,不断地转动烤肉,但现在有人说:烤肉根本没动,是整个炉灶在转!

很明显,这些观点有悖于哥白尼终身服务的教会。哥白尼很温和,他不愿意和人吵架、辩论。他默默地把这些发现写成一本书。直到快70岁的时候,他才决定正式出版这本《天体运行论》。1543年5月24日,是他生命的最后一天,他抚摸着出版商刚刚送来的新书封面,与世长辞了。

今天回顾这段历史,全世界的科学家普遍认为,哥白尼的《天体运行论》的出版,标志着农业革命之后人类历史上一场新革命的开启,这就是"科学革命"。这不仅仅是因为哥白尼提出了新的宇宙观,更重要的是他总结出了一套科学的方法:观测、记录、计算。因为这种新方法的出现,人类真正迈进了科学宝库的大门。

最精准执着的观星人

虽然哥白尼正确地指出了是地球在围绕太阳转动,但他却错误地认为行星的运行轨道是圆形的。这样一来,他观测的数据及计算结果并不能完全符合他提出的"日心说"。主张"地心说"的人便利用这一点攻击哥白尼的理论。

当时丹麦有位天文学家叫第谷(Tycho Brahe,1546—1601),他认为要解决这个矛盾,最需要的就是更多的数据。

第谷非常崇拜哥白尼,他多次来到哥白尼旧居上的小小天文台。他抚摸着哥白尼使用过的观测工具,想到哥白尼用这么简陋的工具得到了那么多的观测数据,他的心都为之激动颤抖。1576年,第谷说服丹麦国王,花了一大笔钱,在丹麦汶岛建设了一座新的天文台,这也是当时全世界最好的天文台。第谷此后坚持了25年的夜间观测,并把获得的

2 谁见过地球转？

数据全部记录了下来。

长时间的抬头观测是极其枯燥的，但第谷不厌其烦，他对着一颗恒星观测了 6 年，然后以它为基准，绘出了另外 1000 多颗恒星的相对位置。后人评价说，第谷的观测和记录精度之高，超出了历史上所有的观测者，是人类肉眼分辨的极限。正是因为有了新的、大量的、精确的数据，人们从对古代数据的依赖当中解放了出来，纠正了好多个错误数据导致的错误结论。第谷去世几年之后，伽利略（Galileo Galilei，1564—1642）就制造出了望远镜。可以说，第谷是人类历史上最后一位，也是最伟大的一位用肉眼观测星空的天文学家。

今天的汶岛天文台遗址

找妻子也要用公式

当第谷在丹麦观测星空的时候,科学史上的另一个重要人物——开普勒(Johannes Kepler,1571—1630)正在一所高中教书,他也是"日心说"的支持者。1596 年,开普勒把自己的思考写进了他的第一本著作《宇宙的奥秘》,出版后他还给第谷寄了一本。第谷被书里面的数学计算公式和推理打动了,几年后,当第谷被聘为皇家数学家时,他立即邀请开普勒担任他的助手。

开普勒笃信数据和公式。他甚至认为,要找到一位好妻子,也是有一个公式的。他每见一位女性,都会把自己的观察记

2 谁见过地球转?

录下来。例如,他见到第一位候选人后,记录下这位女性"口臭";见到第二位候选人后,记录下这位女性"有着超乎她身份的奢华"……他将所有的观察记录列成一个表,再根据公式计算出得分最高的女性,他先向得分最高的求婚,如果被拒绝了,他再向得分第二高的求婚。

开普勒和第谷的相处并不愉快。两人一度争吵,直至分道扬镳。原因是什么呢?据说第谷不肯和开普勒分享他的观测数据。他让开普勒计算火星的运行轨道,却只给了他很少的数据。历史学家推测,原因很可能是第谷想把发现宇宙最大秘密的机会留给自己。

1601 年,第谷生病去世。他所有的继承人都在争夺他留

下的金钱和房子,只有开普勒知道,
真正的金子是第谷的观测数据。开
普勒对自己的计算能力非常自信,
他曾经宣称,如果第谷把所有的观
测数据都给他,他只要 8 天就可以
计算出天体运行的轨道和规律。

开普勒最后如愿得到了这些数据。但他看到堆放了半个房间的、像山一样高的纸张时,却傻眼了,这确实是世界上前所未有的、最细致的、最精确的数据,他低估了分析和计算的难度!

无数个夜晚,面对着一张张布满数据、铺满桌子的行星运行表,开普勒苦苦思索。这是一片数据丛林,他竭力寻找一条与数据相符的真正轨道。年复一年,他想尽办法,反复尝试了 50 多种不同的曲线。其中真正的困难在于,太阳系的星体都在围绕太阳公转,地球自己也在自转,一切观察都是两种运动的叠加。开普勒后来想到一个很好的办法:地球每 365 天就会回到

2 谁见过地球转？

同一个点，而其他行星还在自己的轨道上运动，他把每年同一个时刻其他行星的位置画出来，这样就多了一个固定的参照。他用这个方法画出了一个又一个行星的运行轨道。

开普勒用了整整 8 年的时间，得出了一个惊人的结论：如果让行星沿着椭圆的轨道而不是圆形轨道运行，哥白尼、第谷以及数百年以来的天文学家留下来的所有数据就会得到一个完美的解释。也只有椭圆，没有其他任何曲线！而在此之前，所有的天文学家全部认为：行星运行的轨道是圆形的，而且运行的速度是恒定的。

这意味着，开普勒必须和传统的观点决裂！但为什么是椭圆而不是圆，开普勒却说不出理由。

开普勒的方法是从数据出发，即从数据层面寻找规律。用这种方法发现的规律，可能一时半会儿还解释不清楚，却可能具有巨大的启示作用。开普勒用这种方法，还发现所有行星离太阳的平均距离的立方同该行星绕太阳运行一圈所需时间的平方的比都相等，这就是开普勒第三定律的主要内容。

这些卓越的发现，基本解释了天体的运行规律，开普勒因此被后人称为"天空立法者"。

根据新的曲线和规律，开普勒可以预测星体的运行了。

1629年,开普勒预言:1631年11月7日将会发生一个非常新奇的现象,这一天,水星将会运行到地球和太阳之间,三者将会连成一条直线。人们将在地球上看到一个黑色的小圆点横着穿过太阳的圆面,这个小圆点就是水星的投影,这个现象今天叫"水星凌日"。

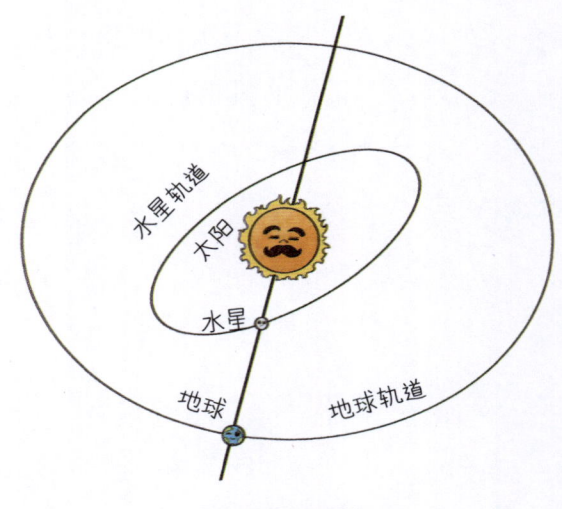

水星凌日图解

1631年11月7日这一天,很多国家的天文学家都用望远镜观测到了水星这个黑色的小圆点在太阳面上由东向西慢慢移动的全部过程。但开普勒没能亲眼看到,大约一年前他已经去世了。

法国诗人普吕多姆(Sully Prudhomme,1839—1907)是

2 谁见过地球转？

1901 年的诺贝尔文学奖得主，他惊叹人类居然可以将广袤宇宙中遥远星体的运行轨道计算得如此精准，他用抒情的文字、奔放的韵律写过一首诗——《约会》，专门赞颂像开普勒一样伟大的天文学家：

> 天文学家在人迹罕至的山顶仰望茫茫宇宙，
>
> 寻找金光闪闪的小岛般的天体。
>
> 他断言，那颗放荡不羁的星星，
>
> "将在 10 世纪后的这样一个夜晚回归原处"。
>
> 星星将会回归，
>
> 甚至不敢耽搁一小时来嘲弄科学，
>
> 或否定天文学家的计算；
>
> 人们会陆续死去，
>
> 但观察塔中的学者会一刻不停地勤奋思索；
>
> 纵然地球上不复有人类，
>
> 真理将带他们看到那颗行星的准确回归。

直到今天，在我书写这段历史的时刻，这些故事和诗歌还能跨越时空，带给我阵阵感动。

但行星为什么不借助任何力量就可以沿着恒定的轨道不停地旋转，并且有时快、有时慢？开普勒没能回答。直到1687年，英国大科学家牛顿（Isaac Newton，1643—1727）给出了答案——万有引力。万有引力的解释让人们终于明白，为什么地球在高速旋转，站在上面的人却不会被甩出去；为什么有些人站在地球的底部，也不会掉下去：因为所有的物体之间都有引力。人们意识到，当把牛顿的发现和开普勒的定律结合起来，我们就可以完美地解释天空和大地的运行规律。

牛顿的发现解释了天体运行的根本原因，这代表了科学研究的另一条路径——从基本原理出发，解释自然和社会。但大部分情况下，面对一个未知的世界，我们凭什么能勘破现象直达本质呢？面对复杂的新问题，开普勒的研究模式往往更为有效：那就是从现象出发，通过观测现象获得大量的数据。当我们占有的数据越多，就越有可能做出正确的分析和归纳，从而发现自然和社会的真正规律。

在载人航天实现之前，没人看见过地球转。今天，我们之所以全都相信地球在自转和公转，就是因为人类的观测、记录和计算啊。

3 "侦探医生"斯诺

霍乱来袭

工业革命,是人类历史上划时代的变革,它首先在英国发生。但你肯定很难想象,1850年前后已完成工业革命的英国首都伦敦,作为全世界首屈一指的大城市,当时是个什么样子。

实实在在地说,它是一个被粪坑包围、恶臭弥漫的城市。

说起来这与抽水马桶的发明有关,是英国人首先发明了抽水马桶和自来水。想想看,坐上马桶,粪便一冲而走,这比上茅房不知道美妙多少。但问题也来了,在当时,即使像伦敦这样先进的城市,也没有现代污水处理系统。大多数抽水马桶只是把污水和粪便排到了房子旁边的粪坑当中，而这些粪坑需要淘粪工人来清理，粪便还要用马车来运走。到粪坑来拉粪的马，就是当时最主要的交通工具，这些马也会随地排泄。

这样一来，整个伦敦城弥漫着粪坑、下水道、作坊、锅炉以及到处穿行的牲口散发的臭味。

一种可怕的烈性传染病——"霍乱"开始流行。这种病的症状十分恐怖：全身肌肉痉挛，不停地上吐下泻，病人十分痛苦，而且当时无药可医，染上就是等死。这种大面积的霍乱在伦敦共暴发过 4 次，每次都有成千上万的人死亡，这引发了伦敦人极度的恐慌。

3 "侦探医生"斯诺

但当时人们一直搞不清楚霍乱暴发的原因。很多人认为城市里的恶臭是霍乱的源头,即"瘴气论",所以他们主张用除臭剂来阻断霍乱的流行。更多的人相信,关紧门窗、不外出,也可以逃脱死神的收割。

但事实上,霍乱是由霍乱弧菌引起的,这种病菌可以通过水来传播。污水到处渗透,正是造成霍乱流行的原因。当时的伦敦城,家家户户打扫卫生,把含有病菌的污水排入河中,河水又通过自来水管道进入家庭,反反复复,病菌传播的范围不断地扩大。可以说,人们越打扫卫生,就有越多的人被感染,一群接一群的人死掉,却没人知道真正的原因。

人们在用各种各样的方式打扫卫生、寻找传染源

这个错误，直到斯诺（John Snow，1813—1858）医生出现才被纠正，他用数据和图表作为武器，与夺走数十万人性命的传染病展开了斗争。

是瘴气，还是水污染？

一开始，斯诺是一名麻醉师，他的知名度很高，当时的英国女王维多利亚生孩子的时候，就请他担任过麻醉师。

当时的麻醉药刚刚出现不久。在没有麻醉药之前，在医院的手术室里，常常会传出病人惨绝人寰的哭叫之声。1846年，

3 "侦探医生"斯诺

美国的牙医莫顿（W. T. G. Morton，1819—1868）发现用乙醚作为麻醉剂，可以减轻病人拔牙时的痛苦，这种方法很快就传到了英国伦敦。

斯诺发现，乙醚很神奇，但麻醉效果却常常不稳定：有的时候很完美，整个过程病人都处于昏睡状态，感觉不到疼；但有时候病人会在手术中突然醒过来；还有的时候，病人根本就不会入睡。他推测根本的原因在于剂量，之所以难以控制剂量的多少，是因为气体在不同温度下的密度相差很大。

为了得到精确的剂量数据，斯诺把乙醚吸入器固定在自己的脸上，让吸入器释放出乙醚气体。几秒之后，他的脑袋就耷拉在桌子上了。一醒过来，尽管双眼迷离，他还是强打着精神，马上拿起表记下他失去知觉的时间。他通过记录和计算发现，温度每升高20华氏度（华氏度＝摄氏度×1.8+32），乙醚的剂量就应该增加1倍。斯诺把不同温度下乙醚的用量和作用强度制成了一张表，提供给其他医生使用。

在霍乱大流行的时候，伦敦市政府有个叫法尔（William Farr，1807—1883）的统计学家，他的职责就是记录人口的最新变化，例如出生、死亡和结婚的人数。当因霍乱死亡的人越来越多，法尔建议医生在报告死亡病例的时候还要记录死亡的原因，所以经他统计的数据，可以追踪、分析流行病发生的时间和地点，分析其规律，这是人类历史上的第一次。

但法尔也笃信"瘴气论"。他认为，高的地方空气更好，低的地方空气更污浊，因此居住在高处的人感染霍乱的可能性要小。于是，他在收集霍乱死亡病例的时候又增加了一个数据，即记录病人居住地的"海拔高度"。

在霍乱大暴发期间，法尔每周都发布伦敦市的死亡报表。巧的是，这些数字看起来好像真的是那么回事：海拔高一些的地方死的人更少、更加安全。

斯诺是一名麻醉师，霍乱是一种传染病，和他的专业关系不大，但医者仁心，看到死了那么多人，斯诺很快开始研究这个病。他并不认同"瘴气论"，霍乱患者最初的症状是呕吐、拉肚子，如果霍乱真的通过空气传播，那为什么最先被感染的不是鼻子和肺，而是肠胃？为什么一家人当中会有幸存者，而接触病人的医生也不会被传染？斯诺断定霍乱是经口腔进

3 "侦探医生"斯诺

入肠胃的,他推测这极有可能是因为喝了不干净的水。

人们无法用肉眼看到水里的霍乱弧菌。被霍乱弧菌污染的水,看起来和正常的水一样纯净透明。斯诺根本无法证明他的观点。

为了获得更多证据,斯诺深入病区。他挨家挨户敲门,询问患者喝水的情况。他发现了一个惊人的事实:1848年至1849年霍乱大暴发期间,伦敦市死亡的人中,大部分都居住在泰晤士河南岸。一计算,他发现南岸的死亡率是市中心的3倍,而伦敦西边和北边的死亡率很低。他在对这些地区饮用水的来源进行调查之后发现,南岸居民的饮用水都来自泰晤士河,而其他地区居民的饮用水除了泰晤士河,还有其他来源。

斯诺又追踪了两个自来水公司的水源。经过他的细致统计,他发现饮用A公司水的家庭里有1263人死于霍乱,而饮用B公司水的家庭里只有98人死于霍乱。当然,单纯比较死亡的总人数是不公平的,因为有的地区住的人多,有的地区住的人少,斯诺又按照每1万户的死亡人数作对比,得出结论是:饮用不同供水公司的水,死亡率会有约8.5倍的差距。

斯诺进行的饮用水源分析

	家庭数	死亡人数	每1万户死亡人数
饮用A公司的水	40046	1263	315
饮用B公司的水	26107	98	37

斯诺认为真正的原因是：A公司是在流经伦敦市中心的泰晤士河下游取水，而B公司是在其上游取水，当时的泰晤士河下游，已经被霍乱患者的排泄物污染了。

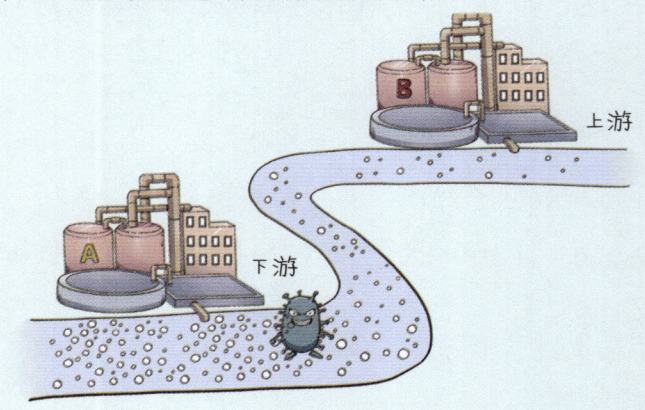

斯诺告诉法尔，为什么从数据上看，"瘴气论"好像也是正确的。那是因为在海拔高的地方，住的人少，因此死亡的人数也少，而海拔低一些的地方住的人多，所以死亡的人数也多。而且，下游的海拔一般更低，因此低处河水被污染的可能性更大。总之，真正的原因不在于海拔高的地方远离瘴气，而是居民远离了泰晤士河，水源更干净。

3 "侦探医生"斯诺

斯诺把这些调查和发现编写成了一本小册子——《霍乱的传播方式》,正式提出了水污染是造成霍乱流行的真正原因。但他的观点很少人相信,大众对"瘴气论"深信不疑。毕竟,嗅觉是人类一种最原始的感觉,我们不由联想起,人类因为感觉不到地球的转动就认为太阳在转动,人类对自己感觉的迷信可谓根深蒂固。

法尔对斯诺的观点也半信半疑。他提出,要测定水源对霍乱的影响,必须要有两组居民的数据。这两组居民生活在同一海拔高度,活动于同一空间,吃的东西一样,工作内容也要相同,唯一不同的条件就是饮用水的来源,这样就能检测出是不是水的问题,但在现实中的伦敦显然找不到这样的实验条件。

不过,斯诺最终说服法尔,在他的统计当中增加了一个新的变量:死者的饮用水源。

1854年的秋天，霍乱又一次席卷伦敦。仅仅10天，死亡人数就有500多，其中一个叫宽街的地方，死亡的人数最多。

这时候的斯诺，总是在第一时间就阅读法尔的死亡报表，关注死者的饮用水源，希望在数据中找到更有力的证据和线索。虽然法尔已经同意了收集死者的饮用水源信息，但困难却很大。因为整个伦敦有十几家大公司在为城市供水，各个公司的地盘互相交错，供水管杂乱无章地交织在一起，仅凭地址无法准确判断供水公司。

斯诺左思右想，无计可施，最后用了最笨的方法：上门走访。疫情来了别人都跑，他却一家一户地敲门询问。但斯诺很快发现，虽然挨家挨户去敲门，但很多住户说不清自家的供水公司是哪一家，得到的结果还是不准确。

苦心人，天不负。细心的斯诺又在走访中发现了新的线索：某家公司的水所含盐分是另外一家公司的4倍，凭借这个差别就能判断水的来源。这样一来，他碰到不知道自家供水公司的住户，就取一小瓶水样，在瓶上注明地址，然后拿回去化验。

在死亡人数最多的宽街，他发现，离水井、水泵越近的地方，死亡的人越多。而有一家啤酒厂，居然没有一例死亡。

3 "侦探医生"斯诺

一问才知道,啤酒厂的工人平常只喝啤酒不喝水。斯诺更加确定,水就是人们感染霍乱的真正原因。

斯诺不仅追踪每一起因霍乱死亡的病例,他还创新了记录的方法。他将死者的地址在地图上标注成一个一个的点,当所有代表死亡人员的点都标注上去之后,地图呈现的信息立刻清晰起来:霍乱绝不是像一团云雾一样逗留在该地区,而是从一个点辐射出去的,那就是水泵!离水泵越近的地方,死亡人数就越多。

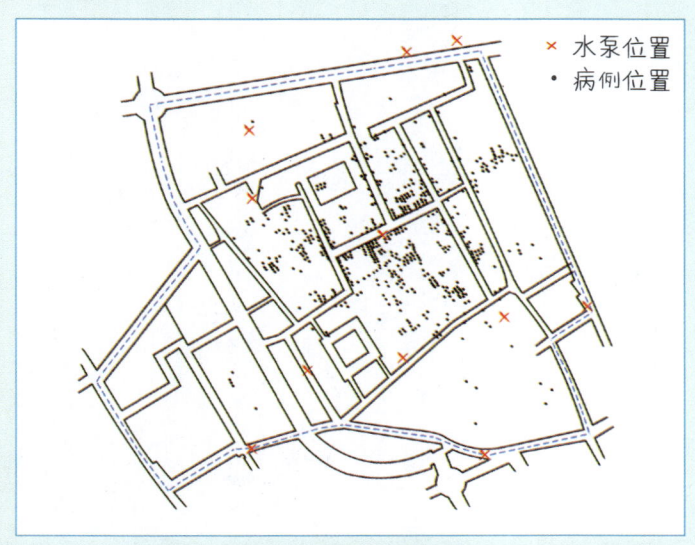

水泵位置和霍乱的传播

注:这幅图的各种版本出现在各种教科书中,它展现的并不仅仅是绘图的技术,还有收集数据的科学原则和大无畏的精神。

斯诺在市政府组织的紧急会议上展示了这幅图。很多人在看到这幅图之后，立刻就相信了斯诺的结论！斯诺呼吁立即封闭宽街上的水井，并保证这样可以切断霍乱的传播。但也有人反对，他们的理由是万一斯诺搞错了，那些备受传染病折磨的家庭将没有水喝，这不是雪上加霜吗？这真是一个艰难的决定，最后市长宣布全体参会人员投票决定。幸运的是，更多的人选择相信斯诺，市长立即下令拆除了水泵的手柄，以控制水井的使用。

宽街的霍乱，由此慢慢平息下来。

在我看来，斯诺是一名真正的数据英雄。他就像哥白尼、第谷、开普勒一样，凭借细致入微、持之以恒的跟踪、记录和计算，最终发现了数据背后的规律。无论干哪一行，那种流于表面的观察是无济于事的，最高水平的成就一定来自长期且细致的跟踪、记录和研究。如果没有斯诺的观察、分析和行动，整个伦敦市疫情的局面将会完全两样。

最美逆行者

3 "侦探医生" 斯诺

这之后，有识之士逐渐接受斯诺的观点：霍乱是通过污水传播的。伦敦市政府很快下令建设一套新的下水道系统。1868年，这套新系统投入使用，污水和生活供水从此完全分开。自此之后，霍乱彻底成为了历史，再也没有在伦敦出现过。

斯诺在他45岁那年因病去世。据说他的早逝跟年轻时做实验吸入了太多的乙醚气体有关，他真是一个勇敢的人。今天，斯诺被全世界尊称为"现代流行病学之父"。

以"斯诺"命名的酒吧

数据可视化的鼻祖

直到今天，斯诺的故事还在全世界传颂，当人们讲到他对战胜霍乱这种流行病的贡献时，总会提到他绘制的那幅表明水泵和病例关系的图。

一个好的数据科学家，要学会用图表来分析、展示数据。

下面我们再来讲一个与斯诺同时代的故事。

1855年，英国不仅发生了疫情，还处于与俄国之间爆发的异常惨烈的战争之中。那场战争导致了50多万人的死亡，史称"克里米亚战争"。

弗洛伦斯·南丁格尔（Florence Nightingale，1820—1910）是英国的一名护士。她在前线看到士兵的尸体被一具一具地从病床上抬出去，伤心不已。她长期追踪观察，结果发现了一个惊人的事实：这些士兵很多是病死的，而不是在战斗中牺牲的。

3 "侦探医生"斯诺

南丁格尔将她的统计结果制成了一张图表,图表清晰地反映了"战斗死亡"和"非战斗死亡"人数的悬殊对比。当她的这张图表传播开来的时候,很多英国人向政府发出了质疑:什么?!我们把年轻人送上战场,结果他们不是战死的,而是病死的!强烈的视觉冲击引发了整个国家的激烈讨论,这次讨论让英国首相很快下令:要在前线建立医院。

人类历史上第一座野战医院就这样建立起来了。

南丁格尔后来被誉为"现代护理学之母",现在的国际护士节,最早就是为了纪念她。她制作的这张图表,是历史上第一份"极区图",和斯诺的那张图一样,都是历史上利用图表来展示数据的著名探索。

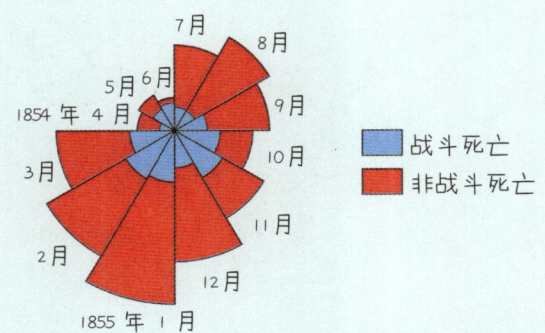

1854年4月至1855年3月,英国军队士兵的死亡原因

注:每个月的死亡人数以30度的扇形面积表示,内环蓝色代表因战斗死亡的人数,外环红色代表非战斗死亡的人数。(图片来源:SAS公司)

一张图表催生了一项新的制度，这并不夸张。今天，我们把斯诺和南丁格尔的做法称为"数据可视化"。它是指以图表、地图、动画等更为生动和易于理解的方式，展现数据的大小，诠释数据之间的关系和发展的趋势，以便他人更好地理解并使用数据分析的结果。

为什么数据可视化能有这么大的威力呢？这是因为人类的神经系统天生就对图像最为敏感，人的大脑皮层当中，有40%是视觉反应区，视觉冲击带给人的震撼要远远强过数字和文字。

数据可视化也把美学带进了数据分析。一幅好的图像不仅能传达数据背后的知识和思想，而且华美精致，如一只只振

3 "侦探医生"斯诺

动翅膀的彩蝶,刺激视觉神经,令人过目不忘。今天,很多公司有一个岗位就叫"数据可视化工程师",胜任这个岗位的人必须既懂数据分析,又精通色彩和构图的艺术。也就是说,他必须要有几把艺术家的刷子!有艺术细胞和特长的同学,现在就可以考虑一下,以后成为一名数据可视化工程师啊!

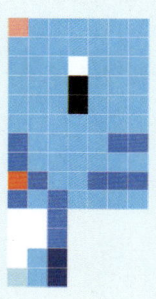

4 用数据远征和打仗

用数据远征

斯诺用数据分析拯救了大批的生命，也有不少将军把数据分析用在了战场上，成了知己知彼、料敌于先的"诸葛亮式"的人物。

其中最有名的要算美国南北战争期间的谢尔曼（W. T. Sherman，1820—1891）将军。当时，美国的总统是林肯，谢尔曼是他手下的一名大将。因为卓越的军事才能，谢尔曼名垂青史。

"数据将军"谢尔曼

4 用数据远征和打仗

1864 年 8 月，战争如火如荼，谢尔曼受命率领 6 万大军挺进南方的中心城市亚特兰大。他在攻占了亚特兰大之后，采取了后世历史学家公认为整个南北战争中"最为大胆、最为关键的一次行动"——横穿佐治亚州，一路打到美国东部的海岸线。

兵马未动，粮草先行。传统的做法是，在军队经过的公路、河流边部署建立层层相连的供应链，以确保食物、弹药能源源不断地供应给前锋部队。

身经百战的谢尔曼当然明白这个链条的重要性。如果吃不饱饭，他的士兵就不会有战斗力。但他不准备建立这条供应链。在进入佐治亚州的地界之前，他已经向国家普查局要来了当地的农产品资源普查数据。这些数据表明，佐治亚州物产丰富、人民富有，是一个"鱼米之乡、奶蜜之地"。一段时间以来，在颠簸的马背上，这些数据不断浮现在谢尔曼的脑海，一个大胆的计划正在酝酿成型。

谢尔曼喜欢思考。当时的美国总司令评价谢尔曼："无论在行军的马背上，还是在驻扎的营地里，或者在指挥中心，谢尔曼无时无刻不在思考。"

盘桓在谢尔曼脑海的计划，是个巨大的冒险，他需要更多的数据来支持。在亚特兰大这座首府被他攻破的时候，城市里一片火海，一连烧了几天，谢尔曼命令一支勇敢的小分队在第一时间占领州政府的办公室，搜寻一切可能获得的地图、财税明细和各种表格。

为什么呢？因为国家普查是几年前做的，数据反映不了最新的情况，而新的财税数据可以起到补充和印证的作用。

谢尔曼每天都站在地图的面前，时而低头徘徊，时而向身边的参谋发问。"鲍德温县的情况如何？"参谋们则迅速"报数"："鲍德温县，有优质农田43982英亩、普通农田115844英亩，农庄总价值1110163美元，拥有马737匹、驴862匹、奶牛1969头、耕牛485头、羊2664只、猪16080头、其他牲口2966头，年产小麦13475斗、燕麦7705斗、甜土豆63077斗、黄油42126磅……全年纳税674545美元，主要税源为米利奇维尔，约占三分之一，其中农业税、工业税分别为……"①

---

① 1英亩≈4046.86平方米；1斗=10升；1磅≈0.45千克。

4 用数据远征和打仗

听着这一连串的数据,后勤参谋则在一旁快速地计算。他们要计算的是,这些资源可以支撑一支 1 万人的部队几天。

谢尔曼的计划是:完全放弃供应链的建设,带领全体部队向前突进,穿越整个佐治亚州,抵达大海之滨。这可以说是"自断粮草、孤军深入",但他并不是不要补给,而是以数据为"航标",根据"食物和资源"的可能方位,确定行军的路线和在各地的停留时间。换句话说,他不想后方供应链给他送吃的,他想走到哪儿、吃到哪儿,靠"抢"来维持补给。

要知道他率领着的是一支庞大的部队,官兵共 62000 人,其中步兵 55000 人、骑兵 5000 人、炮兵 2000 人、战马 35000 匹、各类车辆 2500 辆。

一线指挥官对数据的迫切需求也催生了普查部门的创新。

普查人员在地图上标注各地人口的多少,并借助颜色的深浅来表示各个地区的人口密度。其中不乏一些明细数据,如白人多少、自由黑人多少、奴隶多少以及各个人群年龄的分布,再辅之以当地的土地面积、各类农作物的产量、骡马等牲畜的数量,然后将这些数据下发给各级指挥官。这是普查部门早期重要的创新,也是美国历史上对数据可视化最早的探索和尝试。

谢尔曼将这次行动命名为"向大海进军"。从亚特兰大到海边,共300多千米。为了保证他的每一个士兵都能吃饱饭,谢尔曼将其部队分为5路大军,下图的5条线分别代表他们的行军路线,每一路大军都沿着数据表明有足够补给资源的路线行进。其中,米利奇维尔位于鲍德温县,谢尔曼认为这个县最富裕,因此被定为其中3支部队的会合之处。谢尔曼相信"沿途不仅会有足够的粮食,而且会有足够的骡马,以更换所有的马匹"。

"向大海进军"的行军路线图

4 用数据远征和打仗

可以想象，为搜寻一切可能的补给物资，其大军所到之处，掘地三尺、鸡犬不留。据当时行军日志记载："6 万余大军，共 40 个旅，每天每个旅派出 50 人去搜寻食物，他们步行出发，但回来的时候，每个人都骑着马，并拉着几车牲畜和土豆。"

部队不仅吃饱了，到达海岸线之后，骑兵的马匹几乎全部更换，处于更加精良的状态。

谢尔曼后来向上级报告说，部队沿途共消耗骡子 15000 头，牛 10000 多头，鸡鸭无数，全部来自农家田舍。也因为这种大肆劫掠的做法，沿途的农舍、田地、工厂等重要的社区和设施都被完全摧毁，真是走到哪儿、抢到哪儿、毁到哪儿。这条行军路线，被后世称为"毁灭之路"。

谢尔曼自断后路式的突袭，也切断了他和指挥部的联系。前方战事吃紧，林肯在白宫翘首以盼，却一连 5 周杳无音信。直到圣诞节的前几天，坐立不安的林肯终于收到了前线的电报。谢尔曼在信中说，部队已经抵达大海，并攻陷

沿线所有的城市，这是他送给总统的新年礼物。林肯喜出望外，马上回电说："此举成功，荣誉尽归你所有。请将我的感谢转达给全体官兵。"

谢尔曼同时给国家普查局的局长发去了感谢信，信中说："您给我提供的各种统计表格和数据价值巨大。没有它们，我不可能完成任务。这些任务，对世界上最敏捷、最有经验的部队而言，都是像迷宫一样的难题。"

因为"向大海进军"的决定性胜利，仅仅几个月后，整个南北战争就画上了句号。

后世的军事学家认为，历史上没有任何一次行军远征，曾经建立在像"向大海进军"一样完善和确凿的数据之上。谢尔曼行军打仗的方法，表明他是美国历史上第一位具有现代意识的将军。

幸存者偏差

要打赢一场战争，不能只靠士兵勇敢，还要靠数据分析。自从谢尔曼之后，美国军队的领导就深刻地认识到这一点。第二次世界大战一开始，美国国防部就组织了一批杰出的统

4 用数据远征和打仗

计学家为战争服务,他们研究的不是武器,而是数据和方程式,这个小组叫统计研究小组。

统计研究小组成员的权力非常大,他们一提出建议,其他部门就会采取行动。

1942年,美英盟军对德国展开了大轰炸。由于德国的空军很厉害,美英两国的很多战斗机被炮火击落,损失惨重。于是"如何才能降低战斗机被炮火击落的概率"这个问题被提交到了统计研究小组。

当时盟军指挥官的诉求很简单,就是希望自己的战斗机不被对方击落,即使被击中了,也能支撑着飞回来。他们想到的解决办法也很简单,就是为自己的战斗机穿上一层更厚、更结实的"装甲衣"。可装哪里合适呢?不能全机都装啊,因为装甲会让一架战斗机变得笨重,飞起来不仅慢还耗油。这就需要找到一个平衡,找出最需要穿上厚装甲的部位。

为了便于统计研究小组分析,军方专门统计了所有返回战斗机的中弹情况。这些战斗机在经过一场空战之后回到基地,机身常常弹孔累累。但是,这些弹孔分布得并不均匀,机身上的弹孔比发动机上的多。

一般认为,战斗机所有的中弹点应该是平均分布在机身上的,但战斗机各个部位的面积并不一样,所以军方不仅统计了弹孔的总数,还按战斗机各个部位的面积进行了换算,得出了各个部位的平均弹孔数,见下表。

战斗机各部位的弹孔数统计

战斗机部位	每平方英尺的平均弹孔数/个 (1平方英尺≈0.09平方米)
发动机	1.11
机身	1.73
油箱	1.55
机翼及其他部位	1.80

根据这个表,指挥官们认为,"应该加强机身特别是机翼的防护,因为这是弹孔较多的两个位置"。

当这些数据、分析和建议提交到统计研究小组时,有一名

4 用数据远征和打仗

叫沃尔德（Abraham Wald，1902—1950）的统计专家却提出了完全不同的意见。沃尔德认为，需要加装甲的地方不是弹孔最多的地方，而恰恰是弹孔最少的地方，也就是战斗机的发动机。

为什么呢？沃尔德解释说，一架满身弹孔的战斗机还能平安飞回来，是因为中弹的那些部位即使被击中也不会导致坠机。而在发动机的位置很少发现弹孔，并不是这个部位真的没有中弹，而是一旦中弹，战斗机就飞不回来了。

细细想来，这结论真实而恐怖。也就是说，返回的战斗机是幸存者，仅仅依靠幸存者做出判断是不科学的！那些被打中发动机的牺牲者才是关键，它们根本没有回来、没人看见，也无法被分析！真相一点就破，而想到这一点却需要有睿智的头脑。不得不说沃尔德心思缜密，这也正是美军设立统计研究小组的用意所在，用科学的头脑武装军队。

　　沃尔德的分析非常细致，他甚至区分了不同的弹孔对战斗机造成的伤害。他分析出，一架战斗机进入敌方的阵地，会面对来自地面的大炮和空中的战斗机两方面的炮火。地面有高射炮，敌方的战斗机有机关枪和机关炮，这 3 种攻击对战斗机的威胁是不一样的。沃尔德统计了这 3 种弹孔的分布，分析了它们各自对战斗机的致命程度，得出结论：敌方战斗机的机关炮对己方战斗机的威胁最大，其次是机关枪，最后才是高射炮。

战斗机各部位被武器击中后的威胁系数

战斗机部位	被武器击中后的威胁系数
机身	0.114
发动机	0.179（最高）
油箱	0.074
其余部位	0.038

4 用数据远征和打仗

武器对战斗机的威胁系数

武器	对战斗机的威胁系数
高射炮	0.045
20mm 口径机关炮	0.175（最高）
7.9mm 口径机关枪	0.092

军方最后采纳沃尔德的建议，加强了对发动机的防护。事后证明这个决策是正确的，盟军战斗机被击落的概率大大降低，更多的战斗机飞了回来，沃尔德的分析不知挽救了多少战斗机和飞行员。

这个故事后来被统计学家用一个词概括：幸存者偏差。这就好像老师在教室里问：没来的同学请举手。这是令人发笑的。又好像我们在火车站站台上调查，请问你买到回家的票了吗？太棒了！全部的人都买到了！但事实上，没买到票的人，可能全在家想办法呢。类似的错误，实实在在地存在于我们的日常生活当中。

说完了战斗机，再说说飞行员。

战斗机很昂贵，但培养一个飞行员成本也很高。如果一个飞行员足够聪明老练，他就更有可能完成任务，驾驶战斗机平安返航。

为了挑选出最好的飞行员执行最艰巨的任务,当时的美国国防部设置了不同的遴选小组。各个小组用不同的标准挑选、培养飞行员。其中一组雇用了当时著名的心理学家吉尔福特（J. P. Guilford，1897—1987），他用智力测验、数据评分及面试的方法为空军遴选飞行员。

但在随后的评审中,美国国防部发现,吉尔福特挑选的飞行员与其他专家挑选的相比,被击落牺牲的比例更高。吉尔福特知道这个结果之后,羞愧无比,他认为是自己的错误方法将很多飞行员送上了绝路。

美国国防部发现有一位专家挑选的飞行员的返航率明显比吉尔福特高。他们立刻研究了这位专家的遴选方法。原来,这位专家在一个问题的答案上采取了和吉尔福特完全不同的选择标准。这个问题是："当你遭遇敌军的高射炮攻击时,该怎么办？"

4 用数据远征和打仗

当时吉尔福特认为最好的回答是：我会飞得更高。这也是大家公认的标准答案，他选择的就是这么回答的人。而那位专家却淘汰了所有回答"我会飞得更高"的候选者，而挑选了那些回答"我可能会俯冲""我会'之'字形前进""我会转圈、调头避开火力"的候选人。

事实证明，回答"飞得更高"的飞行员都是可以被预测的人，德国指挥官也清楚这一点，他们会让战斗机埋伏在云端，一旦对方战斗机升高，就瞄准它们开炮。而那些回答"俯冲""'之'字形前进""转圈""调头"的飞行员更有可能幸存下来。这也是吉尔福特失败的原因。

美国国防部很快修正了吉尔福特的方法。一旦得到纠正，科学立即显现出它的本色来。正是用这种数据分析的方法，美军不断优化自己的指挥和决策，精确掌控，步步为营。也正是受这个案例的启发，吉尔福特不断开展对选拔军事人才的研究，后来他为美国军队制定了非常科学的资格考试和选拔体系。

5 预测，怎样成为一门生意

讲到这里，你可能已经感受到，数据的能量很大，能帮助人们解决很多的难题。那你肯定会问了，数据能测天测地，能不能测出人的心理呢？这还真是点出了一个要害问题。人类热衷于预测未来，也喜欢猜一个人的想法和心思，在这方面，还真出了一个数据大师。

把游戏变成科学

最早的测人想法的游戏起源于"你猜谁会当总统"。1824年，美国的一份报纸派出若干调查员去往车站、街角、餐厅

5 预测，怎样成为一门生意

等人口集中的地方，询问路人觉得谁会当选总统。然后，根据调查结果，在报纸上发表预测。

当然，这个话题很抢眼球、很聚人气，可以拉动报纸的销量。美国一是选举多，二是报纸多。根据美国的宪法，总统、州长、市长、国会议员、地方议员等都需要经过选举产生，所以大大小小的选举活动便在美国长年累月、周而复始地举办。

为了准确地预测到底谁能当选，各大报纸杂志都争相开展调查。蜂拥而上的结果，就是竞争。竞争的结果，就是调查的科学性不断提高，范围不断扩大，越测越准，越做越好，最后形成了一个商业化的调查产业。

科学性的转折点出现在 1936 年。这一年，第 32 任美国总统罗斯福（F. D. Roosevelt，1882—1945）为了争取连任，和共和党的兰登（A. M. Landon，1887—1987）打擂台。

这时候，一本叫作《文学文摘》的杂志风头正劲。它大卖的主要原因就是准确地预测了从 1920 年到 1932 年连续 4 届总统大选的结果。1936 年，《文学文摘》在号称对 240 万人进行了调查之后，宣布兰登将会当选。

这个时候，一家刚刚成立不久的研究所，只对 5 万人进行了调查，却宣布罗斯福会胜出。

这家研究所是由盖洛普（G. H. Gallup，1901—1984）博士在 1935 年创建的。盖洛普是何方神圣呢？他出身于一个贫穷的家庭，靠自己的勤工俭学在美国中西部的艾奥瓦大学拿到了博士学位。1932 年，他的岳母参加艾奥瓦州务卿的竞选，大部分人都认为他岳母会输。盖洛普在用他自己的一套方法进行了调查之后，向他岳母提供了很多竞选策略和建议，并且预测她会赢得选举的胜利。结果他的岳母真的当选了。从这次成功的预测开始，盖洛普和调查结下了不解之缘，终身为之努力，最后成为整个行业的"教父"。

后来的结果大家都知道了，罗斯福以大比分击败兰登，成

5 预测，怎样成为一门生意

功连任。这一仗成了《文学文摘》的"滑铁卢"，这个杂志社很快就宣布破产了。而盖洛普则如同一匹黑马名扬全国，成为新的行业领袖。

针对 5 万人的问卷击败了针对 240 万人的调查，这可不是小事，专家学者和社会大众都大跌眼镜，盖洛普究竟是怎样做的？

在盖洛普之前的 100 多年间，民意调查想预测得准，就要追求调查群体的"大"。当然最理想的是向社会中的每一个人都提问，这样得出的结果最准。但你知道，这样要花很多时间和金钱，不现实。盖洛普的法宝叫"科学抽样"。他根据一个地区选民的人口特点，确定家庭主妇、工人、白领、农民、老人、中年人、年轻人等各类人群在 5 万人的样本中应该占有的份额，再确定电话访问、写信访问、街头访问等各种调查方式所占的比重。由于他从整体当中找出了有代表性的样本，也就是科学抽样，所以能够从"小"见"大"。

《文学文摘》失败的原因也正是因为抽样不科学。它的调查对象主要是订户，虽然数量多，但都集中在中上阶层，样本不均匀，造成了结果的偏差。

盖洛普很快就将科学抽样方法输出到英国和法国等国家。1945 年英国首相大选，绝大部分人都认为，原首相丘吉尔（W. L. S. Churchill，1874—1965）劳苦功高，必定连任，但盖洛普却预测工党的领袖艾德礼（C. R. Attlee，1883—1967）将击败丘吉尔。没想到传奇再次上演，他又一语中的。

盖洛普

盖洛普这位数据大师还是个精明的商人，他的发家本领是政治选举中的民意调查，但出人意料的是，他很快将科学抽样的方法应用到了一个新的领域——电影业。通过对电影票房的预测，盖洛普开启了一个市场调查的崭新时代。

5 预测，怎样成为一门生意

第一次电影预测的巨大成功

还是 1936 年，就在罗斯福和兰登大打选举战的时候，一本叫作《乱世佳人》（也译作《飘》）的小说突然闯进了大众的视野。

小说非常好看。故事就发生在谢尔曼用数据远征、"向大海进军"的时候。小说的女主人公斯嘉丽从小备受娇宠，她漂亮、大胆、乐观，敢作敢当。她就住在亚特兰大附近，"向大海进军"摧毁了她生活的农庄，给她的爱情、家庭带来了一系列的变故和打击。在颠沛流离中，斯嘉丽常常犯错，虽然她不断否定自己，但她也不断鼓励自己，坚持对明天抱有希望和憧憬。

新书一上市，首印很快就卖光了，接下来加印、加印、又加印，一时洛阳纸贵。于是有人说要是把这本书拍成电影，一定赚大钱。好莱坞的大佬当然也没闲着，有的导演大声叫好，有的却嗤之以鼻。嗤之以鼻的原因，是因为在此之前，所有以南北战争为题材的电影部部亏本，没有一部赚钱。

这个时候，好莱坞著名的制片人塞尔兹尼克（David Selznick，1902—1965）动心了。当他要出手的时候，身边有一群人拉着他，提醒他要擦亮眼睛，格外小心。在他犹豫不决的时候，他想到了当时人人都在谈论的盖洛普，也许这匹名噪一时的黑马能够帮他预测一下。很快，塞尔兹尼克把电话打给了盖洛普，他试探着问盖洛普："你能不能用数据来揭示《乱世佳人》这本书到底有多流行？"

一星期之后，盖洛普告诉他，此书非常流行，每10个人中就有8个表示听说过这本书。接下来，塞尔兹尼克又问，到底有多少人读过这本书，可不可以给个准数？1937年1月，盖洛普肯定地告诉他，美国一共有1400万人阅读过《乱世佳人》，这本书已经成为美国有史以来最为流行的小说。

于是塞尔兹尼克信心大增，他出手用5万美元的高价收购了《乱世佳人》的电影改编权，然后宣布开机拍摄。

但一开机，制片人、剧组和发行人之间就爆发了争议。问题很多，从电影是否分为上下集，到黑白还是彩色，再到演

5 预测，怎样成为一门生意

员的选择、广告的设计，三方都各有说辞，吵成了一锅粥。特别是在剧组宣布将由英国女演员费雯·丽（Vivien Leigh，1913—1967）担任女主角之后，反对的人就更多了。这是一部爱国电影，怎么能由一个英国人担纲女主角呢？有人呼吁，这需要进行全国性的抵制。

塞尔兹尼克再次委托盖洛普调查争议问题的方方面面。盖洛普的调查结果是，大部分人不反对电影分成上下两集；60%的观众想看彩色的电影；35%的受访者对女主角的人选表示满意，远远高于16%的不满意率。

这些数据让塞尔兹尼克挺起了腰杆。他向三方喊话："别争了，听数据的！"于是整个拍摄过程的重大问题决策，几乎全部采纳了盖洛普的建议。影片分为上下两集，时长238

分钟，是彩色版，请费雯·丽做主演。就在影片快要杀青的时候，盖洛普又发布了他最新的调查和预测：这部电影将会有5650万观众，其人数之多，将创下美国电影票房之最！

这是历史上第一次有具体数字的电影票房预测。但没有人相信！包括塞尔兹尼克，他对5650万这个数据也是付之一笑，从没当真。

但盖洛普却一直信心满满，多次提起这个预测。在新片上映前，他又向剧组建议，第一批潜在观众主要是小说的粉丝，所以影片的海报要突出"书"。塞尔兹尼克接受了这个建议，首轮电影海报的设计，从图形到字体，完全仿照了小说的封面。

1939年12月，电影上线放映，全国各地的影院都人满为患，纽约时代广场的电影院创下了当时单天观众最多的历史纪录。亚特兰大市甚至将首映日定为节日，举城轰动，全民欢庆。

在接下来的4年内，《乱世佳人》影片一共经历4轮放映，每轮放映都根据盖洛普的调查和预测来调整广告和票价。1942年1月，在第3轮放映时，盖洛普预测这一轮放映的潜在观众有1250万，其中66%

5 预测，怎样成为一门生意

还没有看过这部电影，这 66% 大部分是 30 岁以下、收入较低的年轻人。因此他建议不仅要调整票价，还要设置适合这个群体观看的放映时间和放映地点。他还提出，因为年轻人和低收入阶层居多，广告的画面不要突出重大历史事件，而要突出人的情感。于是，这一轮的海报当中，删除了火烧亚特兰大的历史场景，取而代之的是男女主人公缠绵离别的画面。

对于可能想看第二遍的观众，盖洛普指出，其广告策略应该是强调"重复"行为背后的"理性"，一是邀请看过多次的社会名流现身说法；二是随同广告发布一些"你知道吗"的剧情测试，以激起老观众发现这部电影的新亮点。

塞尔兹尼克连连点头，再次全盘接受。果然，第 3 轮放映又取得了成功。到 1943 年第 4 轮放映的时候，发行商里有人提出，盖洛普的调查好是好，但实在太贵了，都做了 3 次了，这次我们可以自己预测。塞尔兹尼克正在国外旅行，他听到之后立即写了一封信，表达自己的反对：

> 在电影首轮放映时，盖洛普预测的准确性是惊人的！而且，他对第3轮放映的调查也同样细致彻底。他指出我们广告中的战略错误，并以同样的精确度预测了结果，甚至告诉我们各个城市的票房和全国平均水平的差别……我个人也有评估一部电影是否成功的经验，但几十年的经验告诉我，业余预测者、电影公司对一部影片的评估有很大的局限性，无法和盖洛普这样的专业人员相提并论。

在他的反对下，发行商还是高价雇用了盖洛普。最后，通过4轮放映，《乱世佳人》一共售出了5997万张电影票。就像盖洛普所预测的，《乱世佳人》成了美国当时有史以来票房最高、最赚钱的电影。特别是盖洛普关于5650万观众的预测，和最终结果5997万相距不到6%，让好莱坞所有导演和演员都啧啧称奇，对他佩服得五体投地。

凭借这种精确度，盖洛普彻底把数据分析带进了美国的电影行业。除了好莱坞，迪士尼也成了他的重要客户。这之后，迪士尼每一部大片的开拍，每一个主要角色的设计，都要先

5 预测,怎样成为一门生意

经过盖洛普的市场调查和数据推演。毫不夸张地说,盖洛普的数据影响了无数演员的演艺生涯和无数影片的命运。

设计问卷的秘籍

盖洛普为《乱世佳人》开展的一系列调查,可谓煞费苦心。这个过程说明,一个成功的调查,除了科学抽样,问题的设计也很重要。

关于有多少人读过这本书,盖洛普分别问了以下3个问题:

- 你读过《乱世佳人》这本书吗?
- 你有计划阅读《乱世佳人》这本书吗?
- 你最喜欢的书是哪一本?

如上图所示,盖洛普之所以设计3个问题,是因为第一个问题可能引起数据失真,大众普遍存在自夸心理,问一个人有没有读过一本流行的书,容易得到别人附和的结果。如果问"阅读计划",结果会更真实。而第三个问题,属于开放性的提问,可以从另一个侧面来印证《乱世佳人》的流行程度。

关于一个人是否会看某部电影,盖洛普也设计了3个问题。他发现,即使同一个问题,如果给受访者提供的选项不同,调查结果也会不同。通过给出不同的选项,可以更准确地把握观众意愿的强烈程度。

5 预测，怎样成为一门生意

关于一个人是否会看某部电影，盖洛普也设计了3个问题。

如果电影上映，你会去看吗？
☐ 肯定会　　☐ 可能会
☐ 不好说　　☐ 可能不会
☐ 不会

5个答案中有3个倾向否定。

如果电影上映，你会去看吗？
☐ 肯定会　　☐ 可能会
☐ 一半以上的可能
☐ 一半的可能
☐ 少于一半的可能
☐ 可能不会

在了解到观众有较强的观看欲望之后，肯定倾向的选项增加为4个。

如果电影上映，你有多大可能去看这部电影？（　　　）

开放式提问。

关于电影的女主角人选，问了两个问题，通过不同的措辞，试图精确地把握人们的反对程度。

你对女主角的人选费雯·丽满意吗？
满意（　）　不满意（　）
如果费雯·丽饰演女主角，你看不看？
看（　）　不看（　）

关于电影是否采用彩色版，一共设计了两组问题。每组4个问题，第一个问题把不同的人群筛选出来，因为经常看电影的人和不经常看电影的人，其要求和期待不一样。

> 你最近一个月看过电影吗？
> 　　是（　）否（　）
> 你喜欢彩色电影吗？
> 　　是（　）否（　）
> 你为什么喜欢彩色电影？
> 　　（　　　　　）
> 一部电影，在甲影院是彩色版，在乙影院是黑白版，你会选择哪个影院？
> 　　甲（　）乙（　）

根据"看过"和"没有看过"把人分为两类，后续3个问题按类进行分析。

> 你上次看电影是什么时候？
> 　　（　　　　　）
> 你喜欢彩色电影吗？
> 　　是（　）否（　）
> 你为什么喜欢彩色电影？
> 　　（　　　　　）
> 一部电影，在甲影院是彩色版，在乙影院是黑白版，你会选择哪个影院？
> 　　甲（　）乙（　）

根据不同的回答，把人分为50个类别，在这个细分的基础上，再对后续3个问题按类进行分析，以期精确地了解各类人群的观点。

费雯·丽之所以引起争议，是因为她是英国人。但注意，这里盖洛普没有问："费雯·丽是英国人，如果她演这部电影，你看不看？"因为这样问有诱导性，可能得出不客观的结论。

5 预测，怎样成为一门生意

这种诱导性的提问也是调查人员试图操纵调查结果时常使用的手段。例如，如果用问卷调查民众是否支持建设核电站，又想得到否定的回答，可以这样诱导：切尔诺贝利核电站发生的核反应堆事故造成了几十万无辜人员伤亡，你是否赞成修建核电站？

这些问题看起来有点儿啰唆又有点儿烧脑，但只有这样，才能直达人心深处。从《乱世佳人》之后，越来越多的投资人利用市场调查来决定是否投资拍一部电影。到今天，这种数据驱动的决策方法，已经成为美国电影制片人的常规操作。

6 4年崛起的奇迹

自盖洛普起,数据统计和分析成为一个产业,但这还不是数据运用的极限。在盖洛普的同时代,还有一个更伟大的数据传奇。传奇的主角是美国一个普普通通的教授,却是日本人眼中的超级英雄。他用数据帮助日本实现了超级崛起,他的名字叫戴明(W. E. Deming,1900—1993)。

不停跨界的博士

戴明一辈子的职业生涯很丰富,他先从物理转到统计,又从统计跨界到管理。这都是他主动选择的,但过程有点儿曲折。

6 4年崛起的奇迹

1925年，戴明毕业后，在一个叫西电的大公司找到了一份工程师的工作。这份新工作很体面，报酬也不错。几个月后他接到通知，著名的耶鲁大学录取他去攻读博士。一边是大公司的好工作，另一边是名校的博士学位，他为难了。有人建议他留在西电更加稳妥，因为耶鲁大学的文凭是个烫手的山芋，非常难拿，很多人进去了，却毕不了业。

这该怎么选？在他犹豫不决的时候，他请教了公司的一个上司。上司告诉他，一旦从耶鲁大学毕业，西电肯定还会雇用他，而且一年的工资会从当前的1200美元涨到5000美元。戴明听了大吃一惊，这翻了几倍啊！这个上司还补充说，你的知识确实值5000美元，公司之所以雇用你，是希望有一天，你能够为公司创造50000美元的财富。

这段对话戴明一辈子都记得，他在老年的时候还把当时的感想写进了回忆录：我认识到，公司最需要的是能够不断学习、永远保持进步的人。

这些启发也伴随他终身，成为他后来不断学习新知识、开拓新领域的动力。

两年之后，戴明获得了物理学博士学位，他没回到西电，而是选择在一家实验室研究氮气对农作物生长的作用。戴明的研究经常要用到数据和统计，他很快成为一名统计专家，还参加过美国十年一次的人口大普查。第二次世界大战期间，他接受了美国国防部的邀请，研究如何利用数据提高武器生产的质量，这让他进入了质量控制的领域。当战争结束的时候，戴明已经在质量控制领域小有名气了。这时候，他辞去了政府的工作，开办了自己的咨询公司。

但没想到的是，刚丢掉了铁饭碗，就坐上了冷板凳。战后的美国，迎来了一个空前繁荣的时代。很多国家的工厂都在战争中被摧毁了，但美国的工厂却完好无损，因此它们接到的订单一个又一个，根本做不完。工厂老板们感叹，钱实在太好挣了！什么，有产品不合格？重做一批就行了，他们完全不去想要用什么方法提高产品的质量。

戴明在质量控制方面的知识和经验，就这样没有了用武之地。

恰恰在这个时候，日本因为战争而百业凋敝、濒临崩溃，于是向戴明发出了邀请。戴明不懂日语，但他1947年第一次到日本时发现，虽然很多日本人都吃不饱肚子，但整个国家却很干净、很整洁，大家也很镇静，这种强烈的对比给他留下了极为深刻的印象。他开始对日本感兴趣，结交日本朋友，向他们介绍利用数据来提高产品质量的方法。

1950年的夏天，东京的天气热得要命。戴明在东京大学举办了第一场讲座。当时没有空调，但教室里座无虚席，过道里也站满了听众，有教授、工程师，还有政府官员和企业高管。一场讲座下来，戴明满头大汗，但无论他的眼睛转到哪里，他看到的都是专注的眼神、推崇的表情。戴明说，在日本，他见到了他认为的全世界最好、最认真的学生。

戴明在日本举办讲座时的情景

（图片来源：Cecelia S. Kilian，The World of W. Edwards Deming）

一顿扭转国运的晚餐

1950 年 7 月的一天，有一群日本的老板听了戴明的讲座，请戴明吃饭。戴明和他们一起坐榻榻米、喝清酒、看表演。除了戴明，参与吃饭的共有 21 个人，他们都是行业巨头，管理着日本近 80% 的财富。在饭桌上，戴明跟他们说："日本可以生产高质量的产品，然后把它们卖到全世界，再用卖的钱去

6 4年崛起的奇迹

买回粮食,日本人就能全部吃饱肚子了。"他举了英国、瑞士的例子,又告诉这些老板:"我有一套方法,你们如果按它去做,不到 5 年,就可以生产出高质量的产品。等日本的产品卖到全世界,日本人的生活水平就会和最富有的国家并驾齐驱!"

5 年?这么快!所有人几乎都露出难以置信的表情。当时日本商品有一个名声,那就是"价格低、质量差"。除了戴明,在座的 21 个人都认为,日本的产品要和欧美的产品相提并论,简直是天方夜谭。

但戴明反复告诉他们，只要掌握方法，从上到下严格落实，日本的产品就能迅速洗刷过去的糟糕名声。

这次晚餐，成了日本工业界的转折点。

这年夏天开始，戴明向日本的大企业家频频宣讲如何进行质量管理。这些企业家回去之后，又层层召开会议，商讨如何落实。这些企业家把戴明的讲义编成书，配发给全国的企业和工厂。戴明又把这本书的版税捐了出来，在日本设立了"戴明质量奖"，每年都组织评选和颁发奖项。

戴明的理论究竟讲了什么呢？他告诉日本人，85%以上的质量问题源于管理不当，是可以纠正的。生产过程中产生的质量偏差，原因有两种，一是特殊原因造成的，比如因为一个人、一部机器或一个程序有

戴明质量奖奖章

问题，它是局部的，只要发现了就很容易消除；二是普遍原因造成的，是因为制度有缺陷或整个系统不精确，这个要认真研究，采取合适的行动，才能解决。

要确定某次偏差产生的原因，就必须收集数据。例如，"50%羊毛"的毛毯，是指在它的材料中，必须含有50%的羊毛。但每次生产出来的成品，都会有偏差，即使在同一张毛毯上

随机剪下 10 块,10 个检验结果中可能没有 1 个刚好是 "50%"。一旦收集了数据,管理人员就可以用图表来展现和分析偏差。戴明认为,一个工厂的所有管理者,都要学会制作两种图表,一是控制图,二是鱼骨图。

控制图为每个偏差划定了上限和下限。一旦波动超出了这个上下限,就说明可能是第一种原因:特殊原因,特殊原因应当立即消除。质量控制,就是要让偏差波动的范围越小越好,达到"稳定的一致性"。戴明后来总结说,日本的成功,就是因为拼尽全力追求这种"稳定的一致性"。

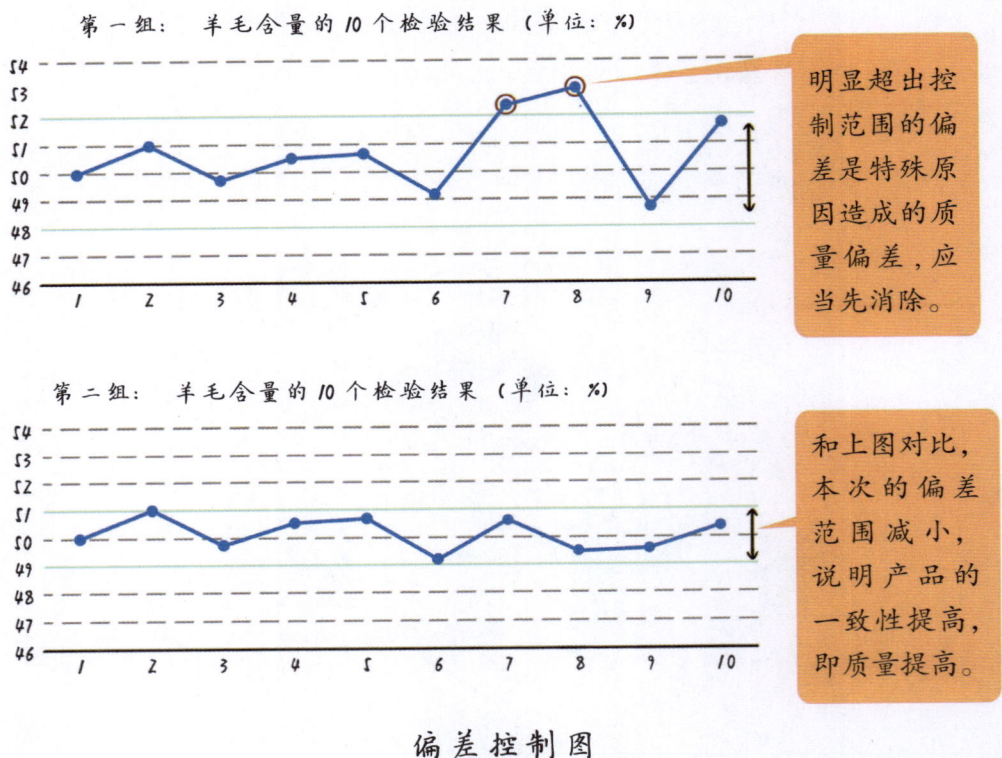

偏差控制图

注：偏差不可能被完全消除。只要偏差的范围小于某一特定的值，如 2%，我们就可以认定为合格。

一旦发现了偏差，接下来就要对偏差发生的具体原因进行分析，分析的工具就是鱼骨图。因为这种图画出来之后，看起来像鱼的骨头，所以叫鱼骨图。戴明主张工作人员通过集体讨论，来共同绘制这张图。

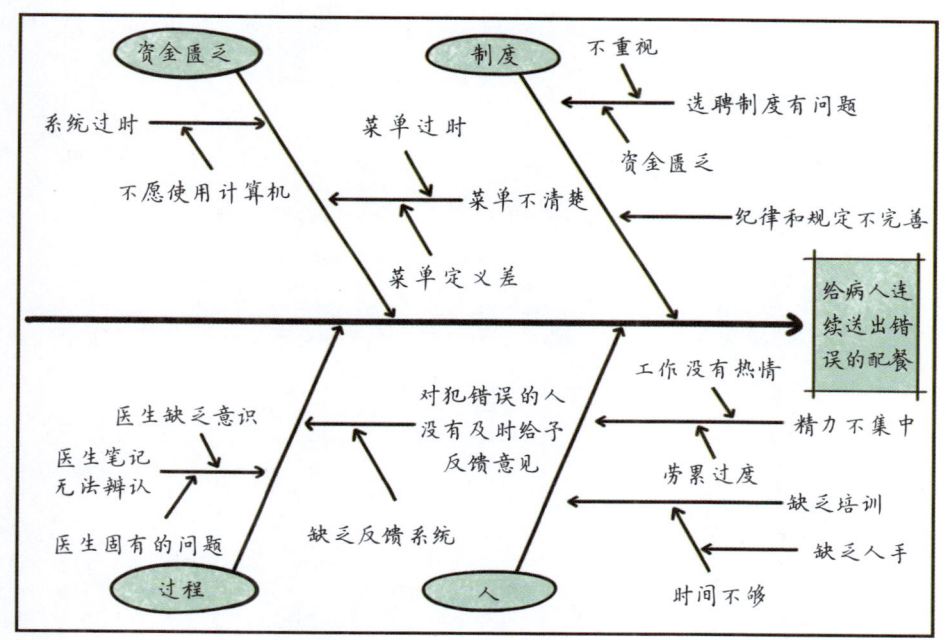

利用鱼骨图进行因果分析

说明：这是一个医院发现"给病人送错餐"的错误之后，利用鱼骨图进行的原因分析。

除了应用数据进行质量控制，戴明还将盖洛普的科学抽样方法和调查介绍到了日本。就像花朵一样，数据和图表开始在日本工厂的每个车间"绽放"。

很快，戴明的方法就见效了，日本的产品开始在国际上崭露头角。到1954年，日本的产品开始大举进攻国际市场。事实上,甩掉"价低质差"的帽子,贴上"优质"的标签,日本只用了 4 年,比戴明当初预料的 5 年还快了 1 年。

1965 年,日本最大的汽车制造商丰田公司获得了戴明质量奖。这个时候,几乎所有的美国人都还没有听说过"丰田"这个名字。他们做梦也没有想到,这个来自日本的丰田公司在不久的将来打趴了所有的美国汽车公司,成了全世界汽车行业质量第一、销量第一的双重冠军。

日本行,为什么美国不行?

丰田汽车,是最早实施戴明质量管理方法的日本公司。丰田公司高度重视数据,在进入一个新市场的时候,他们甚至会派出人员,去测量当地人的身高、腿长等,以调整汽车变速杆的高度和乘客腿部空间的大小。1980年,丰田公司的总裁丰田章一郎在接受采访时饱含深情地说:"我没有一天不在思考戴明对于我们的意义——他是我们整个管理思想的核心。"

6 4年崛起的奇迹

而这时候的戴明，正在美国的纽约大学教书。一回到美国，这位"教父"头顶的光环就消失了。在美国，他只是一位普通的教授，没有几个人知道他在日本的经历和对日本的影响。除了教书，戴明也为企业做咨询，但顾客寥寥无几。1979年，有一家美国造纸公司的老板经常去日本出差，他频频听到日本人提起戴明这个名字，而且每次提到的时候，周围的人都肃然起敬。这个老板很纳闷儿，回到美国后忍不住拨通了戴明的电话，想和他见面聊聊。

这个老板叫康韦，他和公司的团队见到戴明之后，一口气聊了4小时。康韦随即决定，聘请戴明担任质量管理顾问。

这时候，汽车行业正在发生翻天覆地的变化。1981年，日本成了最大的汽车出口国。美国的汽车巨头福特、克莱斯勒、通用开始亏损，卖出的车辆越来越少。更要命的是，除了汽车，日本的电视机、摩托车、录音机、复印机等商品，都在全世界畅销。在一次又一次的市场调查中，美国的消费者都说，我们喜欢日本的产品，就是因为它质量过硬！

梅森，是美国全国广播公司（NBC）的一位资深制片人。她想把对这个问题的反思拍成一部纪录片，让更多的人看到。她知道，一部能引起大众讨论的好影片，必须有一个吸引人的故事。只有故事才能激起人们情感上的共鸣，但她迟迟没有找到让她满意的故事。直到有一天，她在和一个朋友闲聊时听说，就在美国白宫的附近，住着一位叫戴明的老人，是他彻底改变了日本工业的发展局面。

梅森眼睛一亮。她第二天就找到戴明，他们在一起谈了三天三夜。听完戴明的经历，梅森惊呆了，她无法相信，全美国都在羡慕日本，美国的大老板们也不知所措，而改变日本的这个人，居然就住在美国的首都，还在总统府附近，却默默无闻，不为人所知。

梅森反复追问戴明："为什么美国人都不知道你？"戴明回答，他试过，但在美国，没有人听他的。"那日本人为什么相信你呢？"戴明则解释道，日本人谦卑、

4 年崛起的奇迹

勤奋,他亲眼看到了日本人对新知识的渴求,并以决绝的态度在每一个工厂贯彻他的理论。

我的天!这真是极具讽刺!梅森在心里一遍一遍惊呼,她知道自己已经找到了最好的故事。她兴奋不已,又犹豫不决。因为她发现,当讲到通过数据得出结论的时候,这位 80 岁的老人最为兴奋;而这部分内容太专业,梅森听不明白。

但梅森从戴明的口中,获知了那家造纸公司。她立即坐飞机拜访了康韦。而康韦则兴奋地告诉了她,他是如何听说戴明,如何慧眼识人,戴明的方法又怎样给他的公司节省了几百万美元。听到这里,梅森确定自己发现的就是金矿。她迫不及待地回到了制片室,一连几天足不出户,完成了影片的剪辑。

这部纪录片叫《日本行，为什么我们不行》，在1980年6月24日晚上8点，全美播出。在纪录片的最后15分钟，对话是这样的：

主持人：日本人和美国人对质量的看法有什么不同？

戴　明：日本人用统计的方法来提高质量。就像他们从其他文化中学习好的东西一样，他们不仅学习，而且真正吸收了这种方法，然后他们用前所未有的优质产品回馈世界。

主持人：那这种统计方法在美国可行吗？我们美国能否取得同样的成功？

戴　明：当然可行，美国可以取得同样的成功。

主持人：那为什么美国没能做到？

戴　明：那是因为美国人没有这样的决心，我们不知道该做什么，我们没有目标。

就和梅森预料的一模一样，这部纪录片引起了全美轰动。这之后，各种关于戴明的新闻报道排山倒海般涌来。美国媒体派记者去往日本。这些记者在丰田公司的总部发现，公司大堂挂着3幅肖像，其中两幅小的，一幅是丰田的创始人，另一幅是现任董事局主席,而中间最大的一幅则是戴明。

　　这部纪录片的播出也成了美国工商界的转折点。美国的企业从此开始追求质量。各大公司纷纷雇用戴明,80岁的戴明开始向美国企业传授质量控制理论。1987年,美国也设立了类似于日本戴明质量奖的国家质量奖。

　　戴明于1993年逝世。他提出的用数据管理质量的方法是开创性的,而且卓有成效,戴明因此被全世界誉为"质量管理之父"。

7 用数据抓贼

你看过电影《少数派报告》吗?这部电影里有很多让人脑洞大开的情节。电影讲述了2054年,在美国华盛顿特区,谋杀不再存在。未来是可以预知的,罪犯在实施犯罪前就会受到惩罚。预防犯罪小组可以预测犯罪发生的时间、地点和别的细节。他们在预测谋杀方面从未失过手。

听起来是不是比能借来东风的诸葛亮还厉害?当然,这是科幻电影,很可能不会实现。但在现实生活中,我们也确实可以找到预测犯罪的案例。

7 用数据抓贼

做一只能预测老鼠的猫

这是一个源于地铁的故事，一个发生在一名巡警、一名警察局局长和一名市长身上的传奇。

纽约，是美国人口数量最多、人口密度最大的城市，也是全世界知名的大都市。它拥有 800 多万常住人口，整个城市里有着上百种语言，人称"大熔炉"。20 世纪 70 年代的纽约，曾是一座充斥着犯罪和暴力的罪恶之都，人们大白天上街都得提心吊胆，这种情况一直持续了 20 多年。1990 年，纽约市平均每天有 6 个人死于非命，平均每小时有 16 台车辆不翼而飞。

梅普尔在这座城市里长大，目睹了太多的混乱与罪恶，这让他有了一个理想：成为一名警察，守护这座城市。1970年，他刚刚高中毕业就加入了纽约市警察局交通分局，成为一名地铁警察。那个时候，地铁堪称纽约市的恐怖中心，平均每周会发生250起案件。纽约市地铁警察，被认为是最危险的职业。

为了追踪抢劫案，梅普尔在时代广场做过便衣，在中央车站指挥过拦截行动，在地铁口组织过抓捕。但大部分情况下，狡猾的犯罪分子总是在他赶来之前溜之大吉，甚至会在现场留下嘲弄的口信：没用的警察，跑快点儿，快来抓我！对任何警察来说，这都是极大的羞辱。梅普尔很多次空手回到办公室，带着怒火把警帽狠狠摔在办公桌上："为什么我们总是晚到？为什么不能把他们抓个正着！"

在十几年街头警察的经历当中，梅普尔慢慢悟到：案件发生在哪里，警察就出现在哪里，那是让罪犯牵着鼻子跑。要控制局面，抓到老鼠，警察一方必须掌握主动，做一只有"预测能力"的猫。于是作为巡警队队长的他一头扎进案件卷宗，没日没夜地分析。他把案件发生的时间、地点和涉及的人物提取出来，在办公室的墙上挂了几十幅地图，用不同颜色的大头针来标明案件发生的时间和地点，总结其中的原因和规律。他兴奋地发现，在某些特定的地段、特定的时间，抢劫案发生的频率明显要高。

7 用数据抓贼

无数个夜晚,梅普尔站在地图前,时而举头凝视,时而低头徘徊,揣度第二天可能发生案件的时间和地点。一天,在苦思冥想之后,他用大头针在地图上按下了一个小点,确定了他的第一个伏击地点。

"队长,你确定这里现在会发生抢劫吗?"

梅普尔紧紧抿住嘴唇,然后盯着街角说:"说实话,我也不能完全确定,但是……"

"啊!来人哪!"话音未落,一声尖叫从街角传来,警队成员一时愣住,齐刷刷地看向梅普尔。

梅普尔按捺住内心的激动,沉声下令:"行动!"

这一次成功,给梅普尔带来了极大的信心。梅普尔后来晋升为警督(相当于派出所所长),他就采用这种方法来部署和调配他管辖片区的警力,并且不断地研究和总结。他的办公室挂满了地图,被同事戏称为"地图墙",他却称之为"未来图表"(Charts of the Future)。

7 用数据抓贼

看得见未来的图表

1990年，纽约市警察局交通分局来了一名新的局长布雷特，他是一名退役军人。当他路过梅普尔办公室的时候，那面不同寻常的"地图墙"一下子吸引了他。布雷特花了几天的时间和梅普尔一起研究这些地图，最后他禁不住连连拍桌子，认为这个办法靠谱儿。

布雷特的执行力非常强，他雷厉风行，立即开始在全局推广梅普尔的"未来图表"。

第二年，纽约市的地铁抢劫案的发生率下降了27%。但纽约市的整体社会治安并没有好转，因为除了地铁抢劫案，其他案件的发生率都还居高不下。地铁治安的一枝独秀，更令布雷特相信"未来图表"确实行之有效。

1993年，纽约市的治安持续恶化，这一年，是纽约市的市长选举年，治安问题一下子成了竞选当中的白热化话题。这个挑战，成了候选人朱利安尼的机会。

朱利安尼出生于一个普通家庭，1968年从法学院毕业之后，长期在司法部门工作。在他担任纽约市检察官的6年期间，朱利安尼总共将4000多名犯罪分子送进了监狱，他也因此多次受到威胁和追杀。但他不屈不挠，始终秉法办案，在纽约市获得了"铁面人"的美誉。

作为市长候选人,"打击犯罪"成了朱利安尼的竞选纲领。他在演讲中说,他的朋友在餐馆等公共场合碰到他,都不敢和他打招呼,因为怕被人盯上,莫名其妙受到报复。他在街上也经常碰到一些刑满释放的人,那些人当面向他叫嚣:"你选不上!"朱利安尼呼吁,如果纽约市民真正想改善治安,就不能让他落选!因为他是改善治安最好的人选!最后,他诚恳的态度和"铁面"形象打动了纽约市民,他以高票当选纽约市市长。

一上任,朱利安尼就立刻任命布雷特为纽约市警察局局长。而布雷特到任的第二天,就任命梅普尔为第一副局长,并要求梅普尔立即组织开发一套电子版的"未来图表"。

于是,"CompStat"诞生了。

破案有了新"助手"

CompStat,是 Computer Statistics(计算机统计)的缩写,也是 1994 年纽约市警察局启用的治安信息管理系统的简称。它以梅普尔的"未来图表"为基础,在地图上对全市的案件进行统计和分析。"CompStat"后来名扬全美国,成了美国治

7 用数据抓贼

安管理历史上浓墨重彩的一笔。

1994年，互联网还没有普及。CompStat的工作人员每天通过电话和传真向全纽约76个警区收集数据，再将数据统一录入到计算机中进行汇总和分析。

每逢星期二和星期四的早晨7点，布雷特就召集全部警区的指挥官开会。最新发生的案件以圆点的形式出现在各个辖区的地图上，不同颜色代表着不同类型的犯罪，特定位置的成堆圆点则表明那里发生了一系列的案件。各个指挥官在这些"绩效指示灯"前面依次陈述自己辖区的情况、解释案件发生的原因，并汇报对策以及警力的调配情况，一个回合下来，不少指挥官一脸通红、满头大汗。

一数胜千言。CompStat 的数据，就像一盏一盏的灯，代表着一个辖区的治安管理效果。根据这些数据的变化，布雷特一共撤换了近三分之二管理不力的指挥官，可谓"铁腕"。

次年，纽约市的犯罪率应声而降，创下了 50 年来的最低指标，使其跻身美国最安全的大城市行列。

布雷特非常推崇"破窗理论"，认为一个城市如果对小的违法行为纵容姑息，不良现象就会被放任、模仿，逐渐扩大、蔓延出成片的犯罪行为。所以，即使是一个关于窗户玻璃被砸的投诉，CompStat 数据中心也会认真记录，并纳入数据分析。也就是说，地图上的圆点不分案值大小、案情轻重，一律同等对待。

例如，露宿公园、街头的青年，常常是各种违法活动的参与者。布雷特要求，不能仅仅是打击、驱散这些人，必须寻根问源：他们从哪里来？遇到什么困难？需要什么帮助？只有真正解决了这些问题，那些地图上代表犯罪的"圆点"才能最终被消除，而不是转移到另一个区域，在地图上"此"起"彼"伏。

7 用数据抓贼

再站一班岗

梅普尔后来创办了一家咨询公司,致力于帮助美国各地的警察局使用 CompStat 系统。2001年,他在去世前留下遗言,希望自己的灵车能在黄昏时再去一次时代广场和中央车站。这正是下班的高峰时刻,交通繁忙,但梅普尔说他就是想在这个时间段去。多年来他在那里巡逻,确保交通顺畅和治安稳定。这一次,他开玩笑说"要让大家最后也等他一下"。他去世后,被媒体评价为"街头警察的伟大发明家""真正的纽约英雄""熠熠生辉的普通人"。

纽约市的成功让其他城市纷纷学习。美国各地的警察开始注重在地图上分析数据的方法,他们也有了越来越多的发现。2006年,有研究人员把一个地方20多年的犯罪数据和交通事故的数据整合到一张地图上,他们发现交通事故的高发地点竟然也是犯罪活动的高发地点,甚至两者的高发时间段也一样。维护交通安全、打击犯罪活动,这两个职能本来分属于不同的部门。美国警方根据这个新发现，开始尝试让交通警察和治安警察一起巡逻。联合巡逻的结果证明，这个地区的犯罪活动明显下降，违规驾驶的罚单明显减少。

这样的改革提高了效率，当然多多益善。但我认为，一个国家警察部门最重要的工作，应该是多培养一些像梅普尔一样有数据头脑的警察，你认为呢？

大数据时代

8 大数据降临

是计算机，还是"记"算机？

第一台电子计算机是 1946 年被发明出来的。1948 年，IBM（国际商业机器公司）生产了第一台大型计算机，这绝对是个大个子，体积可以占满一个大厅的三面墙，每秒能进行上千次运算。这个能力一度让 IBM 的创始人沃森（T. J. Watson，1874—1956）相当自豪，有种前无古人、后无来者

的得意。他有一句话流传很广，"未来的美国只需要5台计算机"。也就是说，计算机这个东西太强大了，全美国只要有5台，就能处理所有的运算了。

如今，几乎每家每户都有一台计算机。现在这会儿，我的房间里就有至少4个计算机屏幕。计算机不仅多，而且我们随便买个几百元的旧计算机，也要比沃森的那台笨重的计算机强大很多。沃森的话是不是有点儿错得离谱儿？

但我要告诉你的是，沃森的话并没有错。原因就在于，今天计算机的功能已经发生了改变。我们之所以叫它"计算机"，是因为一开始，我们觉得这个新东西的主要功能就是"计算"！事实上，IBM的第一台大型计算机就是用于登月项目的计算，而全世界又有几个像登月那么大的计算项目呢？

如今的我们，天天在用计算机做什么呢？

不妨低头看看自己的手机。每一部手机都是一台性能优异的计算机。现在的人们一机在手，眼里别无他物，有时候忘记带手机，就浑身不自在，老惦记着微信或朋友圈的新消息，生怕错过什么重要的信息，例如朋友们又去哪儿玩了，怎么没带上自己。

信息是什么？信息就是对世界各种各样情况的记录。拍照

8 大数据降临

是记录；发朋友圈是记录；用支付宝买东西还是记录，记录一笔笔消费。其实，手机对于大众的真正作用更像一个电子记录本，记录我们生活的方方面面。你发现了没有，是"记"，记录的"记"，不是计算的"计"。千万别小看这一字之差，我们拿出10次手机，可能有9次是用于记录，只有1次是用于计算。

这么说来，我们日常使用的计算机，刚发明的时候是为了"计算"，但今天更多用于"记录"，那其实应该叫"记录机"，而不是"计算机"。

计算，意味着处理数据；而记录，则意味着收集数据。

互联网是全球记录之网

今天很多人把互联网比作一个大脑,把一台联网的计算机比作大脑中的一个"神经元"。互联网发明之初,人们对它最兴奋的认识是"连接",我们最关心的指标,就是一个网络连接了多少网站、多少网民,也就是多少"神经元"。

到了今天,几乎所有人都进入了连接之中,我们已经实现了全天候、跨平台、跨设备、跨应用的超级连接。连接的历史使命已经完成。这个时候,我们也该用一个新的视角来认识互联网了。

8 大数据降临

历史上有很多发明的本质都是帮助人类实现连接，例如铁路、电报、电话，都是帮助人类实现连接的。特别是进入了千家万户的电话，它和互联网的形态非常接近。那么一个问题就出现了，为什么电话对人类文明的改变不如互联网这样深刻、广泛呢？

最简单的答案是：因为电话只能连接，无法记录！

举个例子。20 世纪 60 年代，美国航空业刚刚兴起，坐飞机的旅客越来越多，但购买机票的服务却有点儿麻烦，想提前买张机票都是个难题。如果要退票或者改签，就更麻烦了。如果你打电话订票，接电话的售票员并不清楚其他售票点的售票情况，也就是说，这班飞机是不是还有票卖，当时并不知道，只能等到下班，等各个地方的售票员互通情况后，确认还有票，再通过人工统计来分配当天电话订票旅客的座位。等确认买到了票，已经过去一两天了。所以，人工售票时代适合的是慢性子旅客。

1964 年，IBM 通过计算机的记录体系解决了这个问题。IBM 为航空公司打造了一个"半自动商业体系"，这是一个由中央数据库、成百上千的计算机终端和工作人员组成的网络系统。在这个系统里，一天可以处理 8 万个电话。通过数据库查询，每个售票员几秒之内就能确认某个航班的余票情况，并立即给消费者分配一个座位号，而其他售票员可以立刻看到这张票已经被卖出。你性子再急也不怕，因为几秒就能知道自己是否能买上机票了。

因为这个半自动的商业体系，航空服务业发生了巨大的变化。当然，把这个系统和今天用的云计算放在一起，又无法相提并论了。今天，我们不用通过电话，用互联网就可以实现自己查询机票、自己下单、自己退票等，一切数据都是实时的。

现在回到问题上来，电话虽然产生了连接行为——表达订票的诉求，但无法有效地记录。分配座位、改签机票必须建立在有效的记录之上。如果记录不能即时看到全貌，就要耗费巨大的人力和物力来核对。而这个问题用网络来解决，实在太轻松了。

记录，是一件很普通的事。自从有文字以来，人类就在记录。我们在前面说过，传说中的"仓颉造字"，就是受到了鸟兽在地上行走留下的蹄爪痕迹的启发，文字的根本目的也是记录。文字是最早、最系统的记录工具。今天，数据是一个更强大的记录工具，文字也是一种数据。除了文字，数据还有其他形式，如照片、音频、视频、演示文稿、表格等，它们的作用都是记录。数据是个泛称，我们把保存在计算机数据库当中的所有信息都称为"数据"。

8 大数据降临

互联网之所以伟大，就是它把记录这件古老的事做到了极致。不信，我们再换一个场景，来认识互联网强大的记录能力。

当你逛百货商场时，常常会东张西望，这排货架上看看，那排货架旁走走，还会在某些商品前停留，拿起来看看又放下，这些行为表达了你的购买意愿，但商场的售货员却没法儿记录你的这些行为。你昨天去了一个柜台，今天再去同一个柜台，可能那个售货员也认不出你。

但是，在网络上浏览就完全不同了。你的搜索、你的点击、你的滑屏，就相当于你在百货商场里的走走看看、东张西望、拿起东西又放下，互联网把你的这些行为一一记录了下来，一个也不漏！无论你是谁，只要你第二次来到一个购物平台，因为上一次的记录，网络就认识了你，知道你来过。

任何时候，只要你登录互联网，互联网就开始自动地记录。记录的数据一般包括：

网页地址（URL）

点击时间（Hit Time）

页面停留时间（Time on Page）

页面区域唯一标识符（Session ID）

位于会话状态的第几步（Session Step）

访问来源（Referrers）

从何处进入页面（Entrance）

离开页面去何处（Exit）

开始时间（Begin Time）

结束时间（End Time）

访问时长（Time on Site）

访问页面数（Depth of Visit）

用户个人信息（Cookie）

这些和浏览行为相关的数据，像矿产一样自动沉淀在互联网上。随着你浏览、消费记录的增多，这些数据可以完整地勾勒出你的特征：你买的东西透露你的消费习惯，你打车的历史忠实地记录了你的出行轨迹，你浏览的网页可能透露你的关心和偏好。渐渐地，你在互联网上的形象从寥寥几笔的速写变成了素描，最后成了一幅逼真的画。随着大数据的累积，互联网掌握了你在网上的一举一动，它就可能比你的爸爸妈妈更了解你，从而可以分析和预测你的需求和偏好，向你推送商品广告。最早的大数据应用，就是这样产生的！

8 大数据降临

美国的电商巨头亚马逊曾经宣布过一项专利——"预判发货"（Anticipatory Shipping）。也就是在网购时，顾客还没有下单，亚马逊就将商品包裹寄出了。这种做法听起来有些不可思议，亚马逊这是要"逆天"吗？万一顾客临时改变主意不买了，或者亚马逊判断错了，岂不是要做赔本生意？

亚马逊当然不会做赔本生意，预判发货是通过记录用户留下的各种各样的数据来预测他是否需要一件商品。一般来说，只要数据足够多，预测就会比较准！它首先会筛选客户，例如年收入较高的家庭，他们对某些消费有固定的预算；又如某一领域的狂热粉丝，他们愿意为最新的时尚一掷千金。为了降低预测错误的风险,亚马逊还有一些配套技巧。例如,先将商品包裹配送到离这个用户最近的仓库,如果在配送过程中收到订单,再将其寄送到用户的家里。这样的话,你可能早上 9 点下单,11 点就能拿到想要的商品了,这是一个令人尖叫的速度和体验。

因为记录,过去可以被分析,未来可以被预测。互联网强大的记录能力,使整个社会自下而上的管理结构大大压缩,也为我们的个人生活带来极大便利,个人的自主权和活力会增长到一个我们想象不到的程度,这就是新的文明。

我们总结一下,互联网之所以叫"互联网",它的命名是基于人们最早对其使命的认识:连接。这就好像"马路"

这个词，源于马在道路上驰行，可今天的马路上跑的早已经不是马了，我们却仍沿用这个名词。今天的互联网已经超越了连接的历史使命，早已超越了当初的名字所涵盖的意义。今天的互联网，是整个社会沉淀数据的基础设施，也是一台帮助我们进行全面记录的社会机器。更准确地说，它是一张"全球记录之网"。这就是我们需要重新认识的地方，也是互联网 2.0 时代应该有的观点。

这是一个瑰丽的、充满无限可能的世界，值得青少年朋友好好探究。

数据大爆炸

前文说过，只要你一上网，互联网就开始自动记录你留下的各种各样的数据。这些数据很多，就像矿产一样沉淀在互联网这个骨架上。但这种数据再多，也没有另一种数据多。我说的另一种数据，就是社交媒体上的数据，就是你的爸爸妈妈还有你发微信、发微博所产生的数据。这才是真正令大数据时代一锤定音的数据！

你要不相信，来看看这个例子。过去 50 年，《纽约时报》总共产生了约 30 亿个单词的信息量，现在仅仅一天，一个社交媒体上就能产生 80 亿个单词的信息量。微信则更厉害,平均每天有 450 亿次的信息发送。也就是说,今天一天人类产生的数据总量,就比过去一份报纸 100 多年产生的数据总量还要多得多!

社交媒体给全世界有手机的人提供了一个平台,他们随时随地都可以记录自己的行为、想法。这种记录一旦发送出来,就为世界贡献了新数据。全世界有手机的每个人都成为数据的生产者,他们把个人感受和行为记录下来传上网络,形成了人类历史上迄今为止最庞大的数据爆炸。

人类的记录范围还在不断扩大。可以说,过去,是我们选择记录什么;今天,是我们选择不记录什么。因为很多事,只要一上网,它就自动地开始记录!

8 大数据降临

你用手机时,无论是打电话、拍照片、和朋友聊天儿、看新闻、看视频、听歌还是付钱,都会产生新的数据;你不用手机时,新的数据照样在产生,比如实时的位置信息。可以说,手机的功能越强,就意味着它记录的东西越多,一个人使用手机越频繁,就意味着他在云端产生的个人数据越多。

除了数据量的增加,社交媒体还使人类的数据世界变得更加复杂了。在大家发的微信和微博中,有的带图片,有的带视频,大小、结构完全不一样。因为没有统一的结构,这部分数据被称为非结构化数据。对这部分数据的处理,远比对存储在数据库当中、有统一结构和格式的结构化数据的处理要困难得多。

这么说吧,在大数据时代,产生和收集数据变得很容易,但处理数据却不容易。有的时候,旧的数据还没处理好,新的数据又像潮水一般涌来。

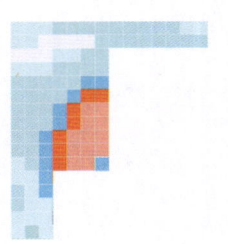

9 用什么来装"数据海"

你可能已经注意到了，我们一提到大数据，常常会用一个词：海量。这当然是形容数据多，像大海一样宽广无边。那么你可能会问，这么多数据，我们究竟把它们放到哪儿去了呢？究竟要用多大的容器，才能装下这海量的数据？

我们这一章就专门解答这个疑问。但先别着急，我们要从沙子讲起。

硅谷：把沙子变成金子

在美国西海岸，有一个著名的大城市叫旧金山。听名字你就可能猜到了，这里曾经发现过大金矿，这一消息吸引过很多

9 用什么来装"数据海"

人来淘金,但这是170多年前的事了。

今天,在旧金山以南,有一条沿着海湾延伸的狭长地带被称为硅谷。这个地方并不大,面积还不到北京的十分之一,但却聚集了苹果、特斯拉、亚马逊等大量的高科技巨头公司。这里是全世界公认的创新中心,也是科技梦想家的天堂。

叫硅谷,自然跟硅有关。硅,可以从沙子当中大量提取。对,就是你在海边玩过的那种沙子,或者是沙漠当中的沙子。沙子不是稀罕物,可以说到处都是。进入现代社会后,人类发现沙子除了可当作建筑材料,还可以用于制造玻璃。但关于沙子最伟大的发现是在20世纪60年代,人们从沙子中提取出了一种物质——硅,硅的特点是稳定、耐高温,它是制作半导体的上佳材料。

沙子无处不在!要知道,硅是地球上除了氧之外,含量排名第二的元素,约占地壳总质量的四分之一,可谓取之不尽,用之不竭。那是不是任何一个有沙子的地方都可以叫硅谷?当然不是!硅谷之所以叫硅谷,是因为掌握

了晶体管制造和集成的技术，把沙子变成了"金子"。

我们来简单了解一下什么是半导体，什么是晶体管。半导体其实是指一种特殊的材料，它有个比较怪异的脾气，有时候导电，有时候不导电，导不导电可以完全由你来控制。用半导体这种材料可以做成晶体管。一个晶体管就像一个开关，通电时开关打开，表示为"1"，不通电时开关闭合，表示为"0"，计算机的二进制，用的就是两个数字："0"和"1"。

晶体管是所有电子产品最小的组成单元。计算机的核心，如CPU（中央处理器）、存储器都含有大量的晶体管。一台便携式计算机大概有400亿个晶体管，一部智能手机约有10亿个晶体管。把大量的晶体管印制到一块手指甲大小的硅片上，就可以形成一个微电子电路，这就叫"芯片"，也叫"集成电路"。这项技术是20世纪60年代由仙童半导体公司（以下简称"仙童公司"）发明的，这家公司成立于1957年，这一年就被后人称为硅谷的诞生之年。

过去的计算机之所以很大，就是因为晶体管很多，而单个晶体管又很大，做出的计算机方头方脑，很笨重。仙童公司发明集成电路技术之后，全世界展开了一场晶体管缩微竞赛，

9 用什么来装"数据海"

晶体管和芯片都越做越小，计算机也越来越小巧。仙童公司的员工也如天女散花一般开枝散叶，孵化出数以百计的半导体公司。20 世纪 60 年代末，在美国举行的一次半导体产业头面人物会议上，参加会议的 400 人中，竟有 376 人曾经在仙童公司工作过。

惊人的摩尔定律

仙童公司有一名员工叫摩尔（Gordon Moore，1929—2023）。1968 年摩尔也离开了仙童公司，和几个好朋友自立门户，创办了后来举世闻名的 Intel（英特尔）公司，Intel 公司的最大发明叫"微处理器"。很多个晶体管可以组成一块芯片，很多块不同功能的芯片又可以组成一个微处理器，从晶体管到芯片再到微处理器是一个越来越大的组合，这个过程就像搭乐高积木一样。

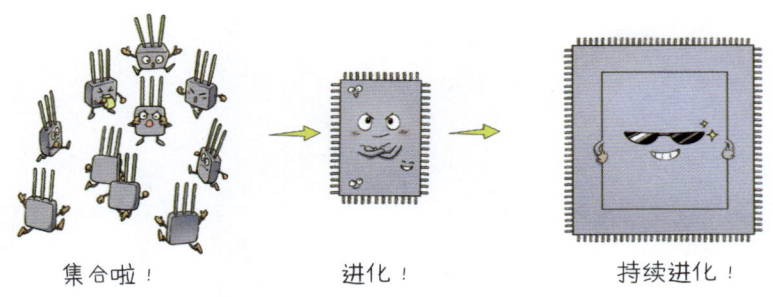

集合啦！　　　进化！　　　持续进化！

具体地说，Intel 公司把很多块芯片封装起来，做成一块橡皮大小的模块，成功地解决了电子元器件笨重、散乱的问题，让计算机有了一个模式化的小"心脏"。只要是电子产品，都会有一个微处理器。很快，Intel 公司生产的这种微处理器在电子行业普及开来，卖到了全世界。

摩尔

（图片来源：The Henry Ford）

摩尔是一名化学博士，毕业于加州理工大学，小时候性格非常内向，以至于被大人认为有语言障碍。因为这个原因，他上一年级的时候还差点儿留级。但摩尔早早就发现化学是他的"真爱"，一直沉迷在他的化学实验里。摩尔上小学的时候，就在家中搭建起自己的小实验室，沉迷于做各种各样的实验。他曾经在家里做爆炸实验，邻居听到一声又一声的爆炸，都不会联想到是这个内向、不喜欢说话的小朋友干的，直到摩尔恶作剧把会爆炸的"圣诞节礼包"送给邻居。

摩尔对化学研究到了痴迷的地步。他太太后来回忆说，他们举办婚礼的当天摩尔还待在实验室做实验，直到大家去催他才来。

9 用什么来装"数据海"

在仙童公司工作期间,摩尔密切关注集成电路的发展。经过长期跟踪观察,1965年,摩尔提出了一个惊人预见。他认为,同一面积芯片上可容纳的晶体管数量,每一到两年将增加一倍。也就是说,单位面积上的晶体管数量将倍增、倍增再倍增,一时半会儿停不下来,这就是著名的摩尔定律。

请看下面这张图,它的纵坐标是晶体管的数量,横坐标是年份,中间那条线表明,在1971～2011年,大概每两年相同面积的集成电路上的晶体管数量就增加一倍。需要注意的是,纵坐标从2300到10000再到100000,其实不成比例,如果严格按比例作图,这将是一条非常陡峭的曲线,一页纸无法容纳。

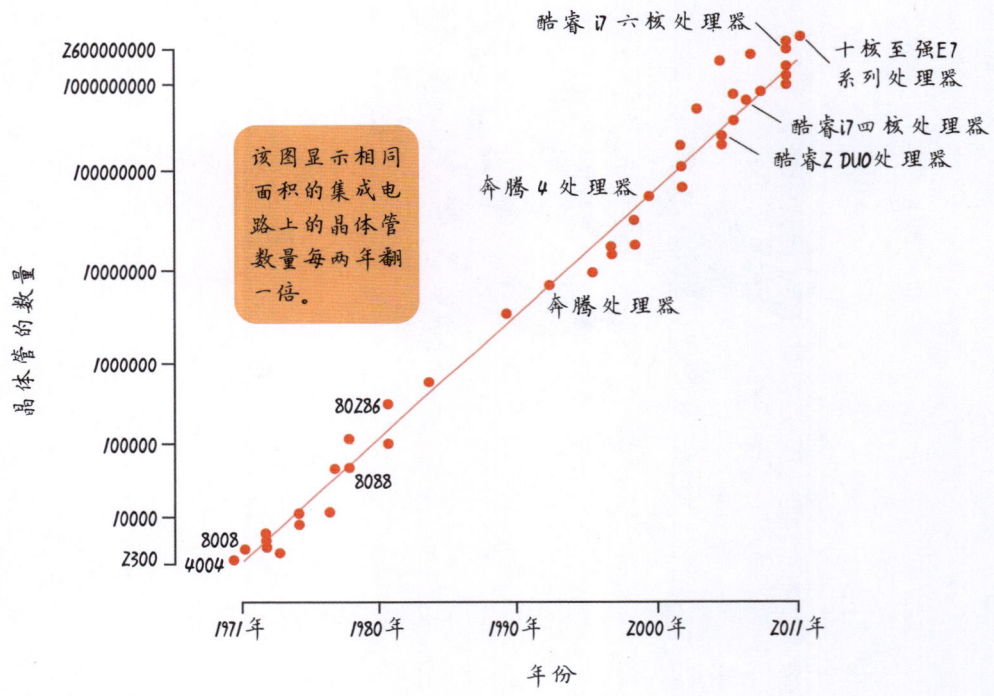

1971 年到 2011 年微处理器晶体管数量及摩尔定律示意图

（资料来源：维基百科）

今天，摩尔定律已经成为描述快速增长现象的代名词。只要一个事物的增长趋势很快很快，你就可以说，天啊，这是摩尔定律！

你可能读过这样一个故事。一名棋手和国王比赛下棋，国王问他赢了想要什么，他说："只要在棋盘的第一格放一粒米，

9 用什么来装"数据海"

第二格放两粒,第三格放四粒,依此类推,每一格都是前一格的两倍,直到放满所有棋盘格。"

国王哈哈大笑,他觉得这个棋手是个傻子,这也太容易满足了,于是欣然答应。没想到的是,不算不知道,一算吓一跳,大米越放越多。要按约定放满棋盘格,整个国家的大米都不够。

这个坑不是一般的大,看来,计算才能赋予你超越直觉的力量。这句话一定要牢记,要不然哪天"掉进坑里"你都不知道。

倍增效应是惊人的,它超出了常人的想象。摩尔定律的真正效果是,由于单位面积芯片上的晶体管的密度倍增了,计算机硬件的处理速度、存储能力等主要性能,一到两年就会提升一倍，计算机将不断变小，但性能却不断增强。这可是件大好事。而与此同时，一个意外的现象也随之出现了，本来性能提升了，价格也该升高才对，但半个多世纪以来，东西越做越好，价格却不断下降。这是为什么？有点儿费解对吧？但你这样想，在流水线上生产一台汽车，成本可能要 10 万元，但生产 100 台，每台的成本就可能会下降到 9 万元，接下来是 100 万台、1 亿台、1000 亿台……大规模生产可以使成本不断下降，人类每年生产的晶体管数量实在太多太多了，比人类每年吃掉的大米粒数还要多。现在，买 1 粒大米的钱大约可以买 10 万个晶体管。

保存数据的存储器也是这样的情况，一方面性能倍增，另一方面价格跳崖式下降。1955 年，IBM 推出了第一款商用存

9 用什么来装"数据海"

储器，1兆字节（1MB）容量的存储器需要6000多美元，到2010年，1MB的存储器价格约为0.005美分。半个多世纪以来，存储器价格的下降程度之剧烈，令人瞠目结舌。在人类历史上没有其他任何一种产品，价格下降空间能如此巨大！

什么是兆字节呢？兆字节究竟有多大？要理解存储器的容量大小，就必须了解存储器的存储单位。近年来，由于人类产生的数据量不断增多，科学家也因此创造了一些新的名词，用来代表新的存储单位。我们常常听到的单位有：兆字节、吉字节、太字节。一首歌曲的大小可能是几兆字节，一部电影的大小大约是1吉字节，而现在一个小小的移动硬盘，容量就可能是1太字节。

数据的存储单位

单位	单位符号	大小	含义和举例
比特	bit	1个二进制位	计算机用二进制存储和处理数据，一位是指一个二进制数位：0或1，这是最小的信息量单位
字节	Byte	8比特	这是计算机存储信息的基本物理单位，存储一个英文字母在计算机上，其大小就是1字节
千字节	KB	1024字节或2^{10}字节	一页纸上的文字大概是5千字节
兆字节	MB	1024千字节或2^{20}字节	一首普通的流行歌曲大概是4兆字节
吉字节	GB	1024兆字节或2^{30}字节	一部普通的电影大概是1吉字节
太字节	TB	1024吉字节或2^{40}字节	美国国会图书馆迄今所有登记的印刷版书本的信息量约为15太字节
拍字节	PB	1024太字节或2^{50}字节	谷歌每小时处理的数据约为1拍字节
艾字节	EB	1024拍字节或2^{60}字节	大概相当于14亿人，人手一本500页的书加起来的信息量
泽字节	ZB	1024艾字节或2^{70}字节	截止到2010年，人类拥有的信息总量大概是12泽字节
尧字节	YB	1024泽字节或2^{80}字节	超出想象、难以描述……

9 用什么来装"数据海"

一顿饭钱买下一座图书馆

如今,一根头发丝大小的地方,就能放上万个晶体管。而晶体管不可能无限缩小,摩尔定律再神奇也不可能无限发展下去吧。于是,怀疑论开始出现了:单位面积上的晶体管还能不能继续增加甚至翻倍?如果能,又能持续多久?

2015 年 4 月 19 日,是摩尔定律提出 50 周年纪念日。摩尔在纪念活动上说:"总有一天该定律会失效,但还不是现在。"他是对的,摩尔定律到现在还没有完全失效!2023 年 12 月,Intel 公司的首席执行官帕特·基辛格在麻省理工学院的演讲中说,摩尔定律确实放缓了,但没有终结,目前单位面积上的晶体管数量可能需要 3 年才能翻一番,晶体管的价格也不再下降,反而有所上升,价格上升的原因在于晶体管制造工艺的升级以及单个晶体管性能的上升。

举个例子,一所普通大学的图书馆,其馆藏印刷品的数据量可能为 1 ~ 2TB。2012 年,要买 1TB 的硬盘,需要大约 700 元人民币,到 2014 年只需要 350 元。今天呢?大概是 200 元,未来可能下降到 100 元,也就是说,请一两个朋友吃顿饭的钱,就可以买上一个 1TB 大小的硬盘,这个容量可以把整座大学图书馆的图书数据都装下带走。

信息保存的过程如此方便、成本如此低廉,这是以前难以想象的。

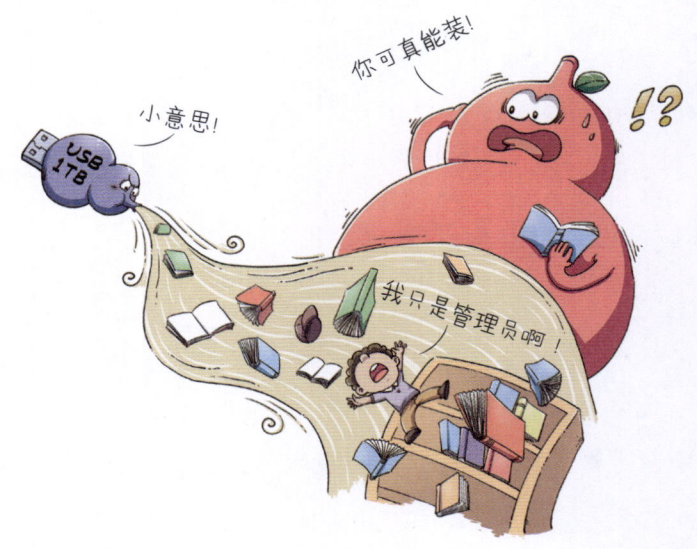

存储器、处理器曾经很昂贵,回顾这一段历史,真有"旧时王谢堂前燕,飞入寻常百姓家"的感慨。

没有高速公路,车子是跑不快的。有了高速公路但收费太贵,车子也不愿意去跑。正是因为存储器的价格在半个世纪之内的"跌、跌、跌",我们才能以非常低廉的成本保存海量的数据,这是大数据时代到来的物质基础。没有这个基础,大数据就是水中月、镜中花,只能说说而已。

10
军队和搜索引擎共同的秘密

这么多数据，人类怎么处理呢？这些各种来源的数据像潮水一样奔涌而来，有的是非结构化数据，有的还缺胳膊少腿不完整。计算机科学家曾经很为难，他们感叹说，人类生产数据、保存数据太容易了，太快了，人类处理数据的能力跟不上，或者说太慢了。

在很多情况下，分析和处理必须快。一滞后，分析的结果可能就一文不值。举个例子，2015 年 12 月，中国发射了高分四号（GF-4）卫星，这是中国发射的第一颗地球同步轨道遥感卫星，具备迄今为止最高分辨率的成像能力。它的照片是真正的大数据,源源不断地从空中传到中国气象局。现在设想一下,当一场台风来袭时,数据科学家需要几小时来处理数据,多半是来不及的。时间不等人,生命不等人,几小时之后,台风可能已经登陆,造成巨大的破坏和损失,你再拿出几小时之前的分析和预报,已经没有意义了。

在日常生活中也是一样。如果你用打车软件时,走到一个地方,打车软件来不及定位反应;最后花了多少钱,打车软件来不及处理;用手机付款,不能即时到账,还要等上几天……那么,谁还用打车软件,又怎么可能会有今天这么发达的互联网应用?

所以说,大数据需要有配套的快计算才行,否则只能干瞪眼。

10 军队和搜索引擎共同的秘密

快计算难在哪儿?

面对这个挑战,有人会说,我们设计一台超级计算机,有极大的内存、极快的中央处理器,让这台机器开足马力为我们工作。

对,这是最本能的思路。大数据刚刚出现的时候,科学家的思路,就是要打造一台超级计算机。这有点儿像一个将军领兵打仗,假设他有一名战士是无敌的,只要把这个人送到战场上就没问题了。这个战士不行,换个强壮一点儿的再来。但事实上,有实战经验的将军都知道,"超级战士"不存在!挖掘个体的潜能,这是条死胡同。

科学家也很快发现,一台计算机再强、再快,也是有限度的。

再想想，如果真的有"超级战士"，那部队为什么要去编一个编制，叫作班、排、连、团，最后还有师和军呢？

计算机科学家从军队得到了启发。新的思路是，把一台台计算机组合起来，让它们像一个班、一个连、一个师、一个军一样来协同工作，让成千上万的计算机在后台像一支部队一样听从我们的命令，替我们干活儿，满足我们的计算需求。

你想：一台计算机需要 10 天才能处理完的数据，如果有 10 台一起来算，那一天就能完成；如果有 1 万台计算机同时计算，那不到一分半钟就能完成；如果有 10 万台，那不到 10 秒就能完成，事实上，也可能高于 10 秒，因为任务的分解和汇总也需要时间。

前面已经谈到，由于摩尔定律的作用，计算机已经成为大众消费品，很便宜。对一个公司来说，买 1 万台机器并不难，那真正难的是什么？就跟部队一样，你要招 1 万个士兵不是问题，但你要把 1 万个士兵变成一个师这就很难了，组织得好是精锐之师，组织得不好就是乌合之众。快计算难的地方，就是要把几万台、几十万台，甚至上百万台计算机放在一个地方，然后把这成千上万台机器连接起来，当成一台计算机使用，这件事很难。

10 军队和搜索引擎共同的秘密

什么叫组织？作为一名将军，你把一个复杂的战斗任务分派下去，不会派到士兵那儿，派到军长、师长那一级就行；然后军长、师长再一级一级往下派，最后整支部队的每个士兵都会有任务，你干什么、他干什么，都很清楚，各把各的任务干完就好了。这就叫组织。

组织的核心和关键，是一个分工和配合的机制。靠这个机制，它把成千上万台计算机组织起来，让它们像一台计算机一样工作。

我们在数据中心的机房，可以看到成千上万台服务器放在一起。机房里有一排一排的机架，一个机架分成 12 等份，每个等份里面放一台服务器。一个机架先连成一个整体，一个机架放满了再放第二个机架，再把机架和机架连接在一起。我们看到的，就是数据中心。那个机制，它是一个软件，是看不见的，是一个极其复杂的分工体系，也可以理解为数据中心的操作系统，一个数据中心

数据中心满是机架和服务器，它不需要显示器

加上这样的一个操作系统，就叫"云"，或者叫云计算。

这个机制或者说操作系统的核心，叫分布式计算。所谓分布式计算，就是把一个非常大的计算任务，自动分解到成千上万台计算能力不是很强的计算机上，最后再把各台计算机得到的结果合并起来，得到最终结果。

天下武功，唯快不破。因为分布式计算，我们前面提到的对台风预报的卫星云图分析，可以从几小时，下降到几分钟。又比如，一个国家有几百个城市，每个城市都可能有几千家酒店，每天，全国都有数亿人次的人口在流动，警察因为破案的需要，要在几千亿条人员的出行和住宿数据中进行实时分析和查询，以确认是不是有多个嫌疑人同坐一列火车或者一班飞机，又同住一个酒店等表面看不出来的关系。有了分布式计算，这种查询也能在几秒之内完成，这才能为案件的侦破提供巨大的价值。

有了分布式计算,单一计算机的性能不再是唯一追求,全球那么多计算机,把它们连在一起用就可以完成很多不可思议的任务。

解密搜索引擎是怎样工作的

也许世界上最好的分布式计算的例子就是搜索引擎。

你肯定用过搜索引擎。你输入一个词,只要一按回车键,在一眨眼的工夫里,就能获得成千上万个搜索结果,而且大多数都很准确。

它们的秘密武器也是分布式计算。为了理解这个过程,我们先看一个例子。假设有十几个人在一起玩牌,这副牌有几万张,但各有多少张 A、2、3……K,我们并不知道。每个人手里都抓了一堆牌,而且还在继续摸牌。现在我们要对牌进行统计,A、2、3……到 K,到底各有多少张,怎么计算最快?

你可以停下阅读,合上书,想一想。

你想出来了吗?最快的规则就是事先商量好每个人固定负责一种牌,例如,你负责 A,小明负责 2;任何人一摸到 A,

就转到你的手里，一摸到 2，就转到小明的手里……如果大家一起按照这个规则来做，那每个人手上会有同一种牌的全部。一人算一种，就可以快速统计出每种牌各有多少张了。

搜索引擎之所以快，是因为它已经为互联网上所有的网页提前做好了"索引"。这个索引，并不是为一篇文章确定几个关键词，而是扫描全文，对这篇文章当中出现的每个单词频度都进行统计，即对一个网页内容的全部单词做全文索引。它做索引的方法，就类似于上面算牌的过程。当然，这比算牌还要复杂，牌只有 10 多种，而全部英语单词有 50 多万个。互联网上的网页数量，也已经是以亿为单位。为每一张网页内容的所有单词做索引，这个计算量大得惊人，你搜索任何词，搜索引擎公司之所以可以在眨眼间给出结果，就是因为在这个过程中使用了分布式计算。

我们用下面这个例子和图展示这个过程：假设 {1. see spot run}{2. run spot run}{3.see the cat} 是 3 篇文章，它们的序号是 1、2、3，为了简单起见，每篇文章只包含 3 个

10 军队和搜索引擎共同的秘密

单词,而这3篇文章中一共包含有"see""spot""run""the""cat"这5个单词。要对这3篇文章建立索引,必须统计每个单词出现的文章的编号和次数。

首先对文章中的单词进行拆分,然后把同一个单词集中派发到一个服务器上,在不同服务器上对每个单词进行分布式计算,最后将单词、文档编号列表,将每个单词出现的次数汇总输出,成为任何一个人都可以借助它快速查询到结果的"索引"。

例如,当我们需要查找"cat"的时候,只需在最后一栏查询,就可以快速定位,在第3篇文章当中这个单词出现了1次。

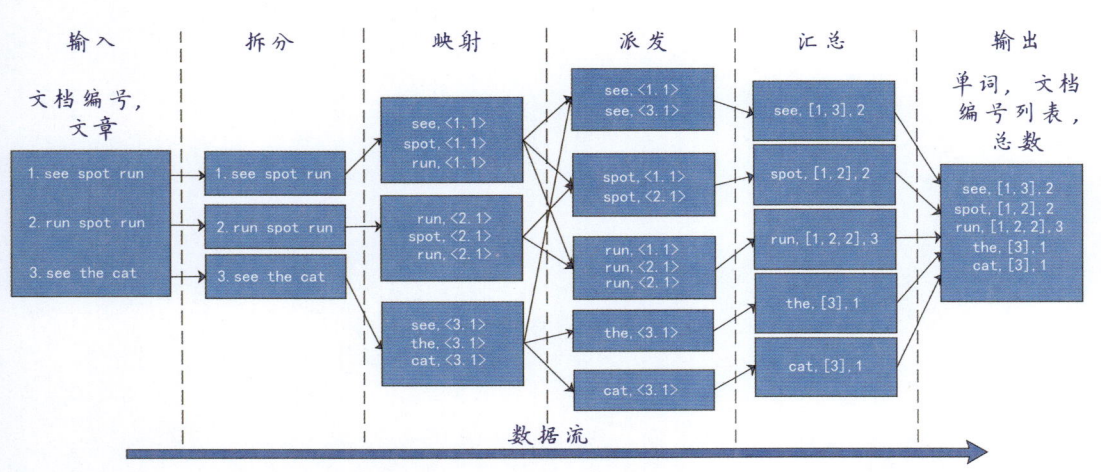

利用分布式计算对网页建立索引的逻辑过程

映射栏 see,〈1,1〉表示："see"这个单词在第 1 篇文章当中出现了 1 次。

汇总栏 see,[1,3],2 表示："see"这个单词在第 1 篇和第 3 篇文章当中共出现了 2 次。

因为有了分布式计算,快计算才成为可能。大数据的"大",首先表现在它的大容量,但大数据的根本意义,在于它的大价值。就像埋在地底下的石油,远古就已经存在了,但人类之所以能够进入石油时代,是因为掌握了开采、冶炼石油的技术,石油才变成了燃料,人们才称它为"液体黄金"。道理是一样的,因为分布式计算的方法,我们可以对大数据进行快速有效的处理,人类才真正迈进了大数据时代。

11 成为数据科学家

一个神话般的经典

这是一个关于零售巨头沃尔玛的故事。

沃尔玛，是全世界最大的零售商，拥有 11000 多家分店、200 多万名雇员，它 2023 年的全年营收额 6000 多亿美元，超过了很多国家的 GDP（国内生产总值）。

沃尔玛的数据库，是世界上最庞大的商业数据库之一。沃尔玛也是全世界最早一批大规模使用数据挖掘技术的企业之一。它曾有一名叫罗林·福特的首席信息官，数据分析是他的核心工作。罗林曾经感叹："每天早上一醒来，我就要问自己，怎么才能让数据流动得更好、管理得更好、分析得更好？"这句话让我想起用数据远征的将军谢尔曼，他无论是在行军的马背上，还是在驻扎的营地里，都无时无刻不在思考怎样打仗。

在一次例行的数据分析之后，沃尔玛的工作人员突然发现：跟纸尿裤同时买单的商品中，竟然经常出现啤酒！

纸尿裤和啤酒，听起来风马牛不相及啊！任何一个人都很难将两者联系在一起，但这却是对历史数据进行分析和挖掘的结果，反映的是数据层面的规律。这实在令人费解，这是一个真正的规律吗？

于是沃尔玛派出研究人员跟踪调查。他们在货架前询问那些同时购买纸尿裤和啤酒的人，终于发现事出有因：一些年轻的爸爸经常要到超市购买婴儿纸尿裤，有30%到40%的奶爸会顺便买点儿啤酒犒劳自己。

11 成为数据科学家

再有想象力的人恐怕也很难想到，事实的真相居然是这个样子的。沃尔玛随即对啤酒和纸尿裤进行了捆绑销售。果然，销量双双增加。

那沃尔玛究竟是怎样发现这个规律的呢？这就要进入现代数据科学的核心：数据挖掘。数据挖掘，是指通过特定的算法对大量的数据进行分析，在数据当中发现新知识，给人提供参考。之所以称之为"挖掘"，是因为在海量数据中寻找知识，就像开矿凿金一样困难。你可以这样理解，数据挖掘是一台由算法控制的挖掘机，而数据库就像是一座矿山。

其实，在数据挖掘的技术刚刚出现的时候，它并不叫数据挖掘，而是叫一个很长的名字——基于数据库的知识发现。

数据库

数据库就像一个仓库，是集中存放数据的地方，它的单位叫"表"（Table），每个表代表着真实世界的一个实体。例如，"学生"就是学校里面的一个实体，那么就可以用数据库里的一个表来代表它。下面就是学生信息表，每一行数据就是一个学生的具体信息，而每一列数据代表这个学生的一个属性，如学号、姓名、班级等。

学生信息表

学号	姓名	班级	性别	语文成绩/分	数学成绩/分	英语成绩/分
10001	王小明	三年级2班	男	89	87	87
10002	李晓华	三年级4班	女	75	85	98
10003	黄坚强	四年级5班	男	74	79	87
10004	朱得立	五年级6班	男	89	90	75

除了学生,课程也可以是一个表,还有每名学生选修的课程信息也可以是一个表。各个表之间有4种可能的对应关系:一对一、一对多、多对一、无关系。

例如,一个学生可以选修多门课程,那"学生信息表"和"课程选修信息表"之间,就是"一对多"的关系。数据库里的各个表,就是通过这几种关系的连线串在了一起。

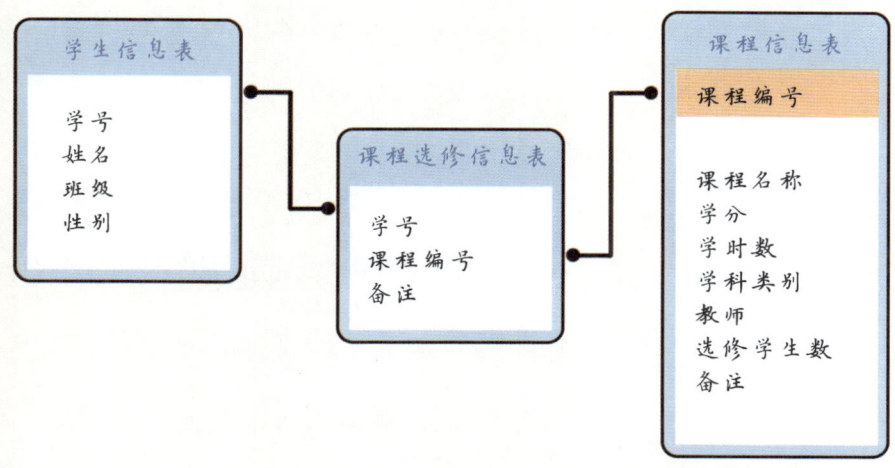

随着信息管理系统越来越普及,数据库和表也越来越多。到了20世纪90年代,面对各行各业数据记录的激增,管理大师彼得·德鲁克(P. F. Drucker,1909—2005)曾经发出慨叹:"迄今为止,我们各种各样的系统产生的仅仅是数据,而不是信息,更不是知识!"

这是什么意思呢?

人们把数据保存在数据库里,但人们最想要的并不是数据,而是信息和知识,这三者不一样。简单地说,知识就是从数据当中发现的有用的、呈现规律的信息。对了,啤酒跟纸尿裤搭配,两样东西都会卖得更多,这就是知识。

从数据、信息到知识的演变

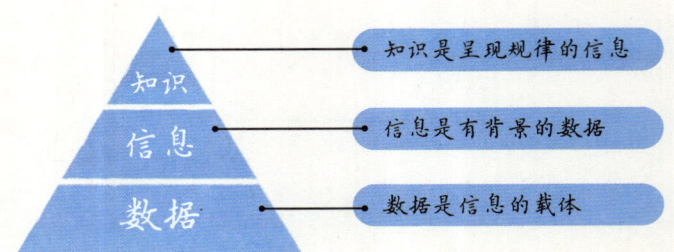

数据、信息和知识的区别和联系

明白了数据、信息和知识之间的关系,我们再来看看沃尔玛是怎样利用数据来获取信息,并从中提炼出规律的吧。

在进入高端的数据挖掘之前,沃尔玛首先要做的是日常性的数据分析。

沃尔玛怎样做日常数据分析

沃尔玛的分店遍布全世界。为了提高内部的管理效率,它建设了很多个信息系统。要做好数据分析,就要把所有的信

11 成为数据科学家

息系统连接起来，进行多维度的分析。这叫联机分析，也叫多维分析。

"维"是联机分析的核心概念，指的是人们观察事物、计算数据的特定角度。维数越多，说明观察同一个事物的角度越多，上上下下、左左右右、前前后后，它的过去和现在都看到了，你自然知道它长什么样子，也能大体预测出它未来是个什么样子。

举个例子，沃尔玛如果要分析自己的销售额，可以按时间、商品类别、地区、国家分析；也可以按供货渠道、客户

群体分析。这些不同的分析角度，就叫"维度"。

每个问题都可以是一个维度或多个维度的交叉。例如：

<u>沃尔玛</u> <u>2024 年</u>在<u>纽约州</u>的销售额是多少？

这个问题有两个维度：时间和地区。

<u>沃尔玛</u> <u>2024 年</u>在<u>纽约州</u><u>奶制品</u>的销售额是多少？

这个问题有 3 个维度：时间、地区和产品类别。

<u>沃尔玛</u> <u>2024 年</u>在<u>纽约州</u><u>进口</u><u>奶制品</u>的销售额是多少？

这个问题有 4 个维度：时间、地区、供货渠道和产品类别。

随着维度的不断增多，问题就变得越来越复杂。1 个维度是直线的，2 个维度是平面的，3 个维度可以想象成一个立方体。一旦超过了 3 个维度，人类的思维和想象力就受到了很大的限制。人类就生活在三维空间里，一维、二维、三维都很熟悉，加个时间的话，还能对四维空间有点儿感觉，但再多的维度就完全无法想象了。可据说宇宙共有 11 个维度，那是什么样子的？实在是想象力受限，感知不到啊！

人类无法突破限制，于是，强大的计算机有了用武之地。

11 成为数据科学家

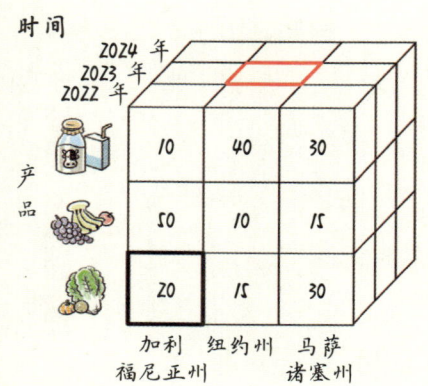

（单位：亿美元）

- 红线加粗方块（上）：2023年纽约州奶制品的销售额
- 黑线加粗方块（下）：2022年加利福尼亚州蔬菜的销售额为20亿美元

理解时间、产品和地点3个维度的交叉

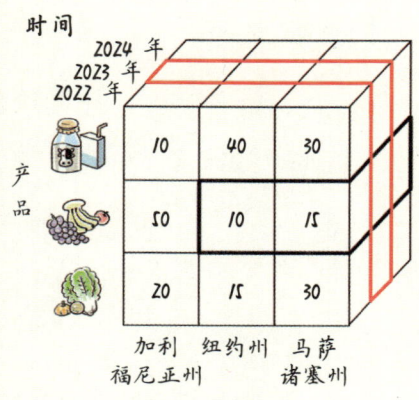

（单位：亿美元）

- 横切（地点和产品2个维度的交叉）：所有年份（本图只有2022年至2024年）纽约州和马萨诸塞州水果的总销售额，为黑线加粗部分
- 竖割（时间1个维度）：所有州、所有产品（本图只有3个州、3类产品）在2023年的总销售额，为红线加粗部分

理解1个维度或2个维度的交叉

注：为了绘图的方便，这个例子每个维度只取了3个值。事实上，每个维度的值都可以无限增加，例如年份可以增加2019年、2020年、2021年等，产品可以增加甜点、咖啡等，地点可以增加佛罗里达州等。

一个维度还可以再进行下钻细分。例如,奶制品可以分为液体奶和奶粉,液体奶又可以分为杀菌奶、灭菌奶、酸奶等;奶粉又分为脱脂奶粉、全脂奶粉、婴幼儿奶粉等。你知道了奶制品的销量,可能还想知道液体奶的销量。你知道了液体奶的销量,可能还想知道酸奶的销量,这就是沿着产品的维度下钻。又如地点的维度,知道了纽约州的销售额,你可能又想知道其中某个地区、某个城市、某个小区的销售额,这都可以一层一层地下钻。

和下钻相对应的,是上卷。例如,从一个城市的销量,沿着向上的维度,可以得到一个州的销售额。然后再往上,就加总到全美国的销售额,这就是一个典型的上卷。

有了这样的联机分析,用户可以在各个维度之间自由切换和组合,从而获得全面、动态的分析结果。理论上,企业日常经营的一般性问题,都可以通过用户点击鼠标弹出。这时,数据尽在手中,就像玲珑剔透的水晶,可以任意横切竖割,流畅得令人叹为观止。

但联机分析本身,却还是回答不了"啤酒和纸尿裤"的潜在关系问题,它看到的只是显示出来的情况,是对企业经营情况的透视性分析。下面我们讲数据挖掘,它是对数据进行挖山凿矿式的开采,要的是发现潜藏在数据表面之下的规律,开采出那些不为人知的知识。

数据挖掘:"购物篮"算法

数据挖掘的关键,在于算法。算法是运用数学和统计学的方法和技巧,用计算机语言编写的解决某一类问题的步骤。我们用算法挖掘数据,才能在看起来杂乱无章的大数据里发现有价值的线索。

去超市里买东西,我们都会用到购物篮、购物车,所以有了一个叫"购物篮"的算法。直白地说,就是分析顾客购买某种东西时,哪些东西被同时购买的可能性较高。这样我们就可以在他们购买某件东西的时候,提醒他们购买另一件东西,顾客就可能同时买更多的东西。

举例来说,今天早晨有5个顾客在你家楼下的小超市购物,他们购物篮中的商品如下表所示。

交易号	商品
001	面包、牛奶
002	面包、纸尿裤、啤酒、鸡蛋
003	牛奶、纸尿裤、啤酒、可乐
004	面包、牛奶、纸尿裤、啤酒
005	面包、牛奶、纸尿裤、可乐

我们可以清晰地看到，纸尿裤出现了 4 次，啤酒出现了 3 次。而且在 4 名购买纸尿裤的顾客中有 3 名买了啤酒，搭配购买率达到了 3/4（75%），看起来，这两件商品的购买关联度还是挺高的。

这里的 4 次和 3 次都叫"支持度"，3/4 叫作"可信度"。如果你对这两个概念感到困惑也没关系，接着往下看。

支持度：一件商品或者一个商品集在整个数据集中出现的次数。纸尿裤总共出现了 4 次，而纸尿裤和啤酒共同出现了 3 次，即：

{纸尿裤} 的支持度为 4，{纸尿裤，啤酒} 的支持度为 3。

这样看来，出现次数越高的商品，支持度也就越高，说明它的"人气"也就越旺。

请记住，支持度是我们判断两个物品之间是否有强关联关系的第一个门槛，它衡量了关联程度在"量"上的多少。

可信度：一种关联关系的有效程度。

$$\{纸尿裤\} \to \{啤酒\} \text{ 的可信度} = \frac{\{纸尿裤, 啤酒\} \text{ 的支持度}}{\{纸尿裤\} \text{ 的支持度}}$$

{纸尿裤，啤酒} 的支持度为 3，{纸尿裤} 的支持度为 4，所以 {纸尿裤} → {啤酒} 这样的关联规则的可信度为 3/4 = 0.75。

即在所有购买了纸尿裤的记录中，有75%的可能同时购买啤酒。

请记住，可信度是我们判断两个物品之间是否有强关联关系的第二个门槛，它衡量了关联程度在"质"上的可靠性。

现在我们假设有4种商品，分别是A、B、C、D。下图展示了这4种商品之间所有可能的组合，共有15种。现在我们要找到顾客经常购买的商品组合。

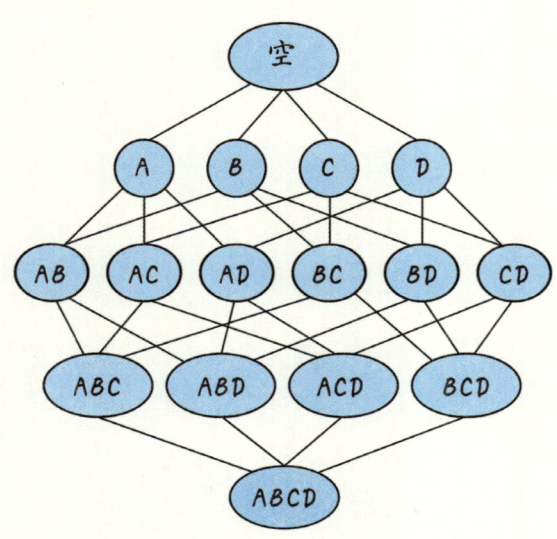

还是举例说明，先来看看A和AD，数一下它们在图中出现的次数：A出现了8次，AD出现了4次。那么购买A商品

的顾客有 4/8 的可能会同时购买 D 商品，也就是有一半的可能。依此类推，我们可以算出每一种组合的支持度和可信度是多少，然后比较一下可信度，就能找出最常在一起购买的商品组合了。

知道了这些，商场就可以把商品的"自由组合"变为"最佳组合"，购物网站可以推出让人眼花缭乱的捆绑销售、组合套装。例如，月饼应该 2 盒还是 3 盒捆在一起，又该跟哪些商品摆在一起或者搭配销售等，才能使消费者看到后更愿意把它们一起买回家。

人要打破常识思维是很难的，所以，你想破脑瓜子可能也不会想到，把啤酒和纸尿裤放在一起卖居然能"来电"。可是，"购物篮"算法没有成见，它比一个经验丰富的超市经理更能发现现实世界中隐藏的联系。当然，你不用做任何分析，也知道要把面包和牛奶放在一起卖，而不要把马桶和面包放在一起卖，这是常识。数据挖掘的结果并不是个个都有巨大的价值，这就像是驾船出海寻宝，能不能找到宝藏，那可不一定哟。一般来说，数据挖掘的效果很依赖数据量，当数据量足够大的时候，分析的结果才更具价值。

道理是明白了。很多同学马上就意识到，上面的例子中只

11 成为数据科学家

有 4 种商品,计算起来还比较简单,如果商品的种类增多,有上万甚至上百万种呢?那得有多少组合项啊?靠人脑怎么算得过来?事实上,一个普通百货商场的商品就有上万种。有没有办法快速减少组合项,减少计算时间呢?

那就需要用更快、更好的算法了,这就是数据科学家的任务。至于算法,没有最好,只有更好。不仅如此,我们还需要一种能与计算机打交道的语言,让计算机明白你的算法,老实地去执行整个"购物篮"算法的步骤。这样,即使有千万种组合,计算机也能嗖的一下就得到结果啦!

看起来有点儿复杂?不,这其实也不是很难。只要大家先学好数学和统计学,然后再学会一门能与计算机打交道的编程语言,之后就可以去数据分析部门上班喽!

总结一下,要成为一名酷炫的数据科学家,你必须掌握以下 3 个领域的知识。

(1)数学和统计学,统计学就是小数据时代的数据科学。

(2)到了大数据时代,因为数据的多样性和广泛性,你必须借助计算机,所以一定要会和机器沟通,学会计算机编程,以实现自动处理的目标。

(3)某个专业领域的知识,它帮助你结合现实,确认数据挖掘和分析的结果是否真的具有价值。"购物篮"算法就要求分析人员是一个零售专家，因为分析本身只发现了顾客购物数据层面的规律，但规律背后的合理性还需要分析人员自己判定。

下面这幅图表明，数据科学是一门新兴的交叉学科，数据科学家要比计算机专家更懂统计，要比统计专家更精通计算机编程。看，想做一名数据科学家必须跨点儿界才行。这幅图体现的是数据科学家的知识结构，但你不要误认为数据科学是数学、统计学或者计算机科学的一个分支。事实上，越来越多的人相信，假以时日，数据科学这一新兴学科，会成为一个比统计学领域更大、应用更广泛的学科，它的目标就是用自动化、智能化的方法来处理数据，发现数据背后的知识和规律。

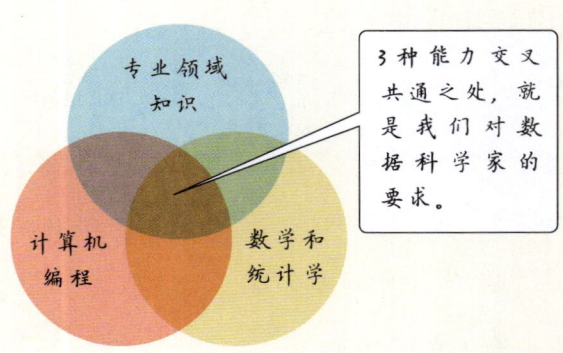

11 成为数据科学家

统计、数据挖掘和机器学习的区别

我们前面讲到,由于抽样技术的出现,民意调查可以通过选取有代表性的样本来完成,而不必像人口普查一样,把全社会的人都问一遍。盖洛普通过科学抽样的方法,成了他那个时代的预测大师。

但再好的抽样,和数据挖掘相比,也有它的不足。

1948年,杜鲁门(Harry S. Truman,1884—1972)和杜威(T. E. Dewey,1902—1971)竞选美国总统。盖洛普通过科学抽样调查预测杜威将当选,新闻界对这个预测深信不疑,很多报纸都提前一天印好了杜威当选美国总统的版面,准备抢占先机。但第二天的结果却令所有的人都大跌眼镜,杜鲁门当选了!那些印有杜威当选的报纸只好全部销毁。

盖洛普失败的原因就在于，真实的情况是瞬息万变的，抽样调查需要经过问卷设计、信息收集、数据分析等多个步骤，这导致它的分析结果有滞后性。在最后两周里，盖洛普不得不停止调查，而杜鲁门却恰恰在这最后的关头扭转了战局。

在大数据时代，对总统竞选的预测出现了新的方法：在投票前后，对社交媒体上的观点进行数据挖掘，可以较为准确地预测出谁能当选。从 2008 年开始，美国所有的总统竞选，都有人通过挖掘社交媒体上的数据，准确预测出了结果。

这种数据挖掘不需要设计问卷，也不需要出动大量的人马挨个儿去问、去调查，一个人就可以完成。更重要的是，这种分析几乎是实时的，今天晚上 7 点就可以对 7 点以前的数据进行分析，没有滞后性。所以，有越来越多的科学家相信，因为大数据的出现，统计科学和数据科学将重新洗牌，进入一个新的时代。准确地说，数据挖掘将成为主要的分析预测工具，而抽样和统计将成为它的辅助工具。

虽然数据挖掘如日中天，但也有别的东西在抢它的风头，这就是机器学习。打遍天下无敌手的国际象棋机器人"深蓝"，还有把众多围棋名将下得没有脾气的机器人阿尔法狗（AlphaGo），以及聊天机器人 ChatGPT，用的都是机器学

11 成为数据科学家

习的技术。机器学习凭借的也是计算机算法,但和数据挖掘不同的是,其算法并不是固定的,它能够随着计算、挖掘次数的增多,自动调整算法的参数,使挖掘和预测的结果更为准确。简单地说,就好像算法开窍了,它带有智能,可以自己从数据当中学习和发现。这有点儿吓人,当然,这就是人工智能。

简单地说,数据挖掘是数据科学的核心,而机器学习则是人工智能的核心。我将在同系列图书《给孩子讲人工智能(第2版)》当中,详细地讲解机器学习。

12
正义又温暖，但还有挑战

一个伸张正义的新奇方法

　　2011年的一天，美国佛罗里达州的一个小城市发生了一起普通的交通事故。有人超速行驶把行人撞伤了，但这起事故也有点儿不普通，因为开车的人是一名退休的老警察。

　　要说普通人犯这个错误，那可以理解，退休的老警察也超速行驶，这有点儿说不过去，对不对？一个叫克斯汀的女记者关注到这起案件，她查阅了历年的数据，发现自2004年起，整个佛罗里达州发生过320起警察超速行驶导致的交通事故，而且这300多人中，最后只有一名警察被判有罪，入狱服刑。

12 正义又温暖,但还有挑战

克斯汀意识到,警察超速行驶可能是一个值得关注的问题,她甚至怀疑这个数据只是冰山一角,类似的情况还有很多。警察常常要追击罪犯,他们有权力超速行驶,但他们是不是因此养成了一个坏习惯,在不追击罪犯的时候也超速行驶?

但怀疑也只是怀疑。克斯汀知道,要证明一些警察凌驾于法律之上、知法犯法,是个很大的挑战,最难的就是拿出证据。

克斯汀试过跟踪警车。她带着测速雷达,一连几天守在高速公路边,一看见超速的黑点,就赶快发动车子追上去。但她很快发现,这种守株待兔的策略效率太低。路上车太多,测速雷达上满满的都是黑点,有时候追上了却发现不是警车;就算碰上了超速的警车,她也无权命令人家停车,只能通过拍照或摄像取证。

真是难啊。克斯汀想啊想，突然想出了一个新奇的、从来没有人用过的招数。她根据美国政府颁布的《信息自由法》，向当地的交通管理部门申请数据开放，因为警车是公务用车，公民有权了解其使用的状态。她获得了110万条当地警车通过不同高速路口收费站的原始数据。

这个办法虽然新奇，但说起来也简单，就是一个小学数学知识的实际应用。她选取两个特定的收费站，测算它们之间的距离，再在110万条记录中找到同一辆警车通过这两个不同收费站的具体时间点，用两点之间的距离除以时间之差，就是该警车的平均行驶速度。

克斯汀用了3个月的时间对这些数据进行梳理和分析。结果令人震惊。她发现在一年的时间内，当地警车有5100起超速行为，涉及了3900辆警车，其中96%的行驶速度在144千米/时至176千米/时之间。而且记录表明，大部分超速行为都发生在下班之后或者上班途中。这意味着，他们超速行驶并不一定是为了追击罪犯。

克斯汀随后在当地报纸公开发表了她的数据分析过程。接下来的一个月，她的电话响个不停，各地的同行都来询问她的数据分析经验，而当地的警务部门则像发生了一场地震，

12 正义又温暖,但还有挑战

"铁数"如山,有 100 多名警察受到不同程度的处罚,如警告、剥夺驾驶权、停发工资、解雇等。

故事讲到这里,还没有完。第二年,克斯汀又向当地政府申请开放新一年的数据。她把新数据和旧数据进行了对比,发现新一年当地警察超速行驶的现象减少了 84%。克斯汀又发表了一篇新的数据分析报道,她甚至用数据列出了各个警务部门的违规数量以及改进情况。

克斯汀是一名记者,她因为这个创举表现出来的勇气和智慧获得了美国新闻界的最高奖——普利策新闻奖。人们议论道,如果不是通过克斯汀的数据创新,类似"警察超速行驶"这种知法犯法的特权行为,可能永远得不到有效的纠正和治理。

高清晰社会

我因为担任阿里巴巴集团的副总裁,曾旅居杭州 4 年。这 4 年中,我很喜欢看《钱江晚报》。有一天,我看到一个大消息:之江花园案破了!

这起案件曾经轰动整个杭州城。2003 年,有人在一个雨夜潜入之江花园,入室抢劫行凶,随后潜逃,再无音信。这一年,华人神探李昌钰来到杭州,有人拿这个案子问他,当时他也想不出办法，但留下了一句话，"只要时机到来，案子迟早会破"。

这个时机，一等就是13年。让人没想到的是，等来的时机，竟然是大数据。

2012年，浙江省的公安部门开始建设"物证云"。这个"云"就是一个数据中心，警察把全省所有案件当中涉及的人像、DNA（脱氧核糖核酸）、指纹、掌纹、足印以及鞋底式样等数据放到一起。这意味着，你输入任何一起案件的嫌疑人留下的数据，都可以在"云"中和全省其他案件中的嫌疑人数据进行一对一的比对。

12 正义又温暖,但还有挑战

有一天,一名姓俞的男子在诸暨一家面馆因与人争吵而伤人。当地警方把他制服后,提取了他的DNA等数据,录入"物证云"。没有想到的是,当这些数据在跨地区比对之时,警报突然响了!这份数据和杭州之江花园案嫌疑人留下的痕迹高度吻合!警方立即对他进行了审讯和取证,俞某非常震惊,他没想到警察掌握了他的老底,很快承认了他13年前犯下的罪行。

10多年来,为了侦破之江花园案,杭州警方可以说是踏破铁鞋。但因为大数据,真正破案时却没费多少工夫。

巧的是,过了不久,我竟然在美国的新闻上也读到了一篇相似的好消息。1976年到1986年间,美国出现了一起连环案,犯罪嫌疑人被称为"金州杀手"。办案人员追踪了30多年,查对过数千名嫌疑人,都没能抓到他。

2017年12月,一名警察突然想到了一个利用大数据的办法。他把已经掌握的嫌疑人DNA上传到一个寻亲网站,这个网站能够分析上传的基因数据,找出这个人可能的亲戚。结果,他真的找到了一个和嫌疑人DNA部分匹配、可能是他亲属的人。凭借这条线索,警方将嫌疑人的范围从上百万人缩小至一个家族。在对这个家族的成员进行逐一排查之后,警方抓到了真正的凶手迪安杰洛。此时,这位"金州杀手"已经72岁了。

正义虽然姗姗来迟,却没有缺席,最大的功臣也是大数据。

我因为做过8年的警察,所以有不少警察朋友。今天他们都这样告诉我:"大数据太厉害了,我们现在争取有案必破,破积案,没案破。""今天你要是做了坏事,就别跑了,因为你根本跑不掉,你就坐在家里,等着警察来找就没错了。"

有了大数据,今天的警察,底气真不是一般的足!

今天,人类所有的行为几乎都留下了数据。凡走过的,必留下痕迹。通过对数据的分析,一个人几乎没有秘密。普通人是这样,犯罪分子也是这样,除非他一直躲在深山老林里不出来。显然,这在现代社会几乎是不可能的。

12 正义又温暖，但还有挑战

我们知道，犯罪常常借助黑暗发生。黑暗制造了一个模糊社会，罪犯的行为得以隐遁。1879 年，爱迪生发明了实用的白炽灯。社会学家随后发现，当一个城市被灯光点亮，这个城市的犯罪率就会明显下降。犯罪行为在亮堂的地方变少，其中的道理是不言而喻的。

今天的数据有同样的功效。数据的出现就像一种新的"光"，照向了人性的幽暗之处，清除了人类的侥幸心理。可以肯定，所有的犯罪行为，未来都会大幅减少，大数据正在催生一个高清晰社会。

知冷知热的大数据

我在《钱江晚报》上看过一个报道：有个在外地打工的游子给家里打电话，连打了几天都没人接听。他非常担心，放下工作直奔回家，推开门就看到一幕惨剧：父亲因为心脏病发作死在浴室，母亲瘫痪在床，因为没有人照顾而饿死了。

2018 年，我搬到广州，又看到一篇当地类似的新闻。一个花园小区里，一对老人倒在家中，被发现时已死亡多日。新闻报道说：二老都是退休教师，老爷子 70 多岁了，患有阿尔茨海默病，老太太也患有多种疾病。两位老人平常和蔼可亲，没有想到说走就走了，多日后才被邻居发现，实在可怜。

不断看到这样的悲剧，真是令人难受。很多人家都有老人。当今中国，独居老人（也叫"空巢"老人）已经越来越多了。我查了查数据，在 2020 年底的时候，国内 60 周岁以上的老人超过 2.6 亿，约占人口总数的 18.7%。人口专家认为，中国正在进入一个老龄化社会。

小区里人来人往，可这样的悲剧还是发生在眼皮子底下，到底出了什么问题？大家可能会想到邻里关系的冷漠，但再好的邻居，也没有办法 24 小时在一起吧！我还是想到了大数据。今天有那么多的传感器、智能手环，如果用得好，一定可以解决这个问题。智能手环的数据如果可以和医疗机构的"云"实时联通，一个老人的心跳、体温数据就可以源源不断地传送到医院数据库中。当心跳出现异常时，算法就可以把数据推送给医生或者亲人，提醒他们关注。

我看到江苏省扬州市的个园社区已经行动起来了，他们正在尝试为老人安装床垫传感器、马桶传感器、煤气泄漏报警器和室内红外线传感器，等等。这些传感器会每天按时把数据发送到云端，社区的工作人员和外地的亲人只要打开手机，就可以了解到老人当天的生活情况。

12 正义又温暖，但还有挑战

我还在新闻上看到，日本的老人也用上了大数据。日本人通过监测家里的水龙头、灯和燃气灶是否被打开，来推测老人是否做饭了、洗澡了。一旦发现数据分析异常，就立刻提醒当地社区派人到老人家中查看。据统计，日本有 600 万独居的老人，每年约有 4 万老人孤独离世。这个方法已经让日本老人在家中独自死亡的事件减少了 30%。

我的朋友周涛教授在电子科技大学工作，他也是国内知名的大数据专家，他主持过一个课题，叫"寻找校园中最孤独的人"。该课题从 3 万名在校生中采集到了 2 亿多条行为数据。这些数据包括学生选课、图书馆刷卡、寝室门禁、食堂消费以及学校超市购物等数据。通过对不同卡在不同地点的刷卡记录进行分析，周涛教授发现了有 800 多名学生，他们大部分时间都是独来独往。每一次排队，前后都没有同学或好友，他们是"最孤独的人"。

一个人学习　　　　　一个人吃饭　　　　　一个人跑步

这些孤独的人患上心理疾病的可能性很大。周涛教授的研究提醒家长和学校对他们进行关注，这避免了一些糟糕的结果，甚至是避免了悲剧的发生。

大数据温暖的一面还有很多。2013 年 7 月，华东师范大学有一位女生收到一条校方的短信："同学你好，发现你上个月餐饮消费较少。不知是否有经济困难？"

这条充满爱心的询问短信也是大数据分析的结果。校方通过分析校园饭卡的消费数据，发现这位女生每顿饭的餐费都偏低。华东师范大学后来解释说，他们把每个月在食堂吃饭

12 正义又温暖，但还有挑战

超过60顿、总消费不足420元的学生，悄悄地列为了资助对象。不用审核、不用公示，学校直接将补贴款打进贫困生的饭卡。因为他们发现，有些同学家境贫寒，但因为自尊心不愿意申请贫困生助学金。大数据分析可以帮助学校自动地完成这项工作。

知冷知热知心，应该是大数据的终极追求。

很严峻的挑战

大数据的技术应用也给我们的社会带来了一些负面问题。

电商一向被认为是物美价廉的代名词，可真实情况是这样吗？2017年12月，一名网友在微博上说自己遭遇了"大数据宰客"。他通过某旅行网站预订某酒店的房间，价格常年为380～400元。一次偶然的机会，酒店前台告诉他，淡季价格为300元上下。网上居然比线下还贵，这是什么道理？他用朋友的账号查询酒店价格发现，果然是300元。但奇怪的是，他用自己的账号去查酒店价格，还是380元。

这条微博引发了网友的激烈讨论："我和同学打车，我们的路线和车型差不多，我要比他贵五六元。""选好机票后取消，再选那张机票，价格立马上涨。"

一个秘密就这样被捅破了。《科技日报》在报道这则新闻时，打出了《大数据杀熟：最懂你的人伤你最深》的标题。所谓"熟"，其实就是通过数据掌握消费者的底细，可以看客叫价。这就好比商场的店员看见开着高级车、穿着名牌衣服的客户走进来，就喊高价。他们的逻辑是，同一件商品，如果是一个大富翁来买，就可以卖得更贵一些。

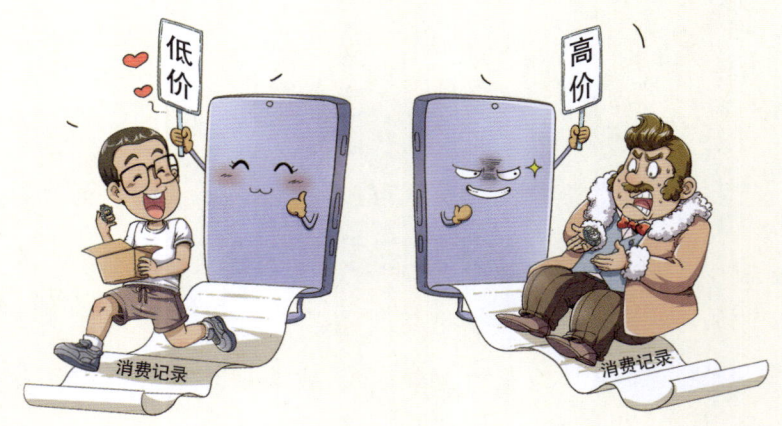

"大数据杀熟"像一记打在人类脸上的响亮耳光。人们意识到，大数据带来的不仅仅是美好。

但复杂的是，"大数据杀熟"背后的技术，也做过好事。说起来，它可以追溯到更早的"千人千面"。现在，人们都在手机上买东西，世上的商品千千万万，但手机的屏幕只有一个巴掌大，这决定了不能眉毛胡子一把抓，把什么都展现

12 正义又温暖，但还有挑战

出来。于是，一些电商公司就想给每个消费者定制一个动态首页，让消费者每次打开手机都能看到自己可能想买的一些商品，即一千个人就有一千个不同的首页，这就叫"千人千面"。

"千人千面"当然是好事！这就好比让顾客走进一家商店，发现他每次想买的商品都摆放在商店入口，他就不用跑来跑去了。当然，这样的摆法和变换在现实中是无法实现的。原因很简单，商店无法同时满足这么多人的需求，也养不起那么多的搬运工。

"千人千面"方便了消费者，但问题是，"千人千面"可能演变为"千人千价"！例如，在手机上购买机票，算法可以通过大数据判断用户是不是高收入者。当高收入者进入购买页面时，首页展示的就是商务舱机票，而低收入者看到的则是打折机票。即使同一张商务舱机票，针对不同的人也可以显示不同的价格。如果你买过一次高价票，则说明你对高价不敏感，那就可能继续卖你高价。

大数据杀熟的本质就是"千人千价"，而"千人千价"又来源于"千人千面"。这充分地说明，数据是中立的，技术也是中立的，就像雨一样，它可能下在好人的头上，也可能落在坏人的头上。除了"杀熟"，大数据还给我们的社会带来了新的问题和挑战。例如个人隐私很容易泄露，被别有用心的坏人利用；又例如你在电商平台上买东西，电商平台收集了你的数据，那这份数据到底是归电商平台所有还是归你所有？还是你们共同所有？这些问题有点儿复杂，有的至今都没有定论，在这里我就不一一展开了，但我非常期待你能参与思考和表达观点。我希望你通过阅读这本书，认识到人类可以用大数据来追求效率、温暖和正义，也可能用它来赚不道德的钱，甚至做坏事。

我更希望你读完这本书，会认同这样一个观点：大数据正在开创一个前所未有的新时代！我个人还相信，只要有了新的数据，哪怕是同一件事，也值得重做一遍！世上的事何止千千万万，只要用心去观察、用心去记录、用心去分析和计算，学会数据科学，我们就一定能在这个新时代有所作为、有所创新。现在，看你的了！